I0057894

L'ACCESSION DU JAPON

AU DROIT DES GENS EUROPÉEN

PAR

LE BARON ALEXANDRE DE SIEBOLD

TRADUCTION FRANÇAISE

AVEC UNE PRÉFACE ET DES NOTES

PAR

Fernand DAGUIN,
Docteur en droit,
Avocat à la Cour d'appel de Paris,
Associé de l'Institut de droit international,
ET

Salomon MAYER,
Docteur en droit,
Conseiller du Gouvernement autrichien,
ancien Professeur de droit
à l'Université de Vienne.

Édition contenant le texte du

TRAITÉ DE COMMERCE ET DE NAVIGATION FRANCO-JAPONAIS

PARIS
LIBRAIRIE COTILLON
F. PICHON, SUCCESSEUR, IMPRIMEUR-ÉDITEUR,
Libraire du Conseil d'État et de la Société de législation comparée,
24, Rue Soufflot, 24

1900

O²/0
A05

L'ACCESSION DU JAPON

AU DROIT DES GENS EUROPÉEN

L'ACCESSION DU JAPON

AU DROIT DES GENS EUROPÉEN

PAR

LE BARON ALEXANDRE DE SIEBOLD

TRADUCTION FRANÇAISE,

AVEC UNE PRÉFACE ET DES NOTES

PAR

Fernand DAGUIN,

Docteur en droit,
Avocat à la Cour d'appel de Paris,
Associé de l'Institut de droit international,

ET

Salomon MAYER,

Docteur en droit,
Conseiller du Gouvernement autrichien,
ancien Professeur de droit
à l'Université de Vienne.

Édition contenant le texte du

TRAITÉ DE COMMERCE ET DE NAVIGATION FRANCO-JAPONAIS.

———— ✹ ————

PARIS

LIBRAIRIE COTILLON

F. PICHON, SUCCESSEUR, IMPRIMEUR-ÉDITEUR,

Libraire du Conseil d'État et de la Société de législation comparée,

24, Rue Soufflot, 24

—

1900

BIBLIOTHÈQUE NATIONALE R.F. IMPRIMÉS

SALLE B
ACQUISITION
N° 10873

PRÉFACE

Le Japon est, quant à présent, le seul État de l'Extrême-Orient qui se soit ouvert franchement et sans arrière-pensée à la civilisation occidentale et qui ait accepté cette civilisation avec son cortège de doctrines humanitaires et ses conquêtes scientifiques et industrielles. Le mouvement en avant qui lui a fait franchir en quelques années des étapes que la plupart des États européens ont mis des siècles à parcourir, a commencé dans les premières années qui ont suivi la restauration du pouvoir impérial, accomplie en 1868. A partir de la chute du Shogounat (1), survenue à cette époque, et du rétablissement de l'Empereur dans son autorité primitive, une révolution s'est opérée dans les mœurs, et le pays, jusqu'alors à peu près fermé aux influences étrangères, s'est laissé rapidement pénétrer par les idées européennes; au lieu de se confiner, comme la Chine, dans une admiration inintelligente et stérile de soi-même, il a compris qu'il avait infiniment à gagner au contact des Occidentaux, et il s'est mis résolument à leur école.

Pendant longtemps, des observateurs superficiels se sont

---

(1) Institution analogue à celle des maires du Palais, sous les derniers Mérovingiens. Pendant des siècles, les Shogouns ont détenu effectivement le pouvoir suprême, ne laissant à l'Empereur que l'apparence de la souveraineté.

imaginé que les Japonais copiaient en la forme et non au fond les institutions européennes, et que leur imitation était toute de surface. Mais, aujourd'hui, l'expérience a démontré leur erreur. En présence des merveilleux résultats que l'on constate, on est obligé de reconnaître que les élèves sont devenus, pour le moins, les égaux de leurs maîtres.

Dans les sciences, dans l'industrie, dans le domaine du droit, les Japonais rivalisent avec tous les peuples à culture supérieure. L'instruction est aussi répandue chez eux que dans les pays les plus avancés. L'armée est fortement organisée, et elle a déjà donné, à plusieurs reprises, des preuves incontestables de sa valeur. En un mot, le Japon peut marcher de pair avec tous les États chrétiens. Aussi, son admission définitive dans la grande famille des nations civilisées n'a-t-elle été qu'un acte de justice, par lequel on a reconnu les efforts prodigieux qu'il n'a cessé de faire, depuis trente-deux ans, pour s'élever au rang de ces dernières.

Cette admission date du jour où les puissances chrétiennes ont rendu au Japon sa pleine souveraineté en matière judiciaire, grâce à la suppression des juridictions consulaires, et où, en échange, le libre accès de son territoire a été concédé, de la façon la plus large, aux étrangers.

Les événements qui ont marqué cette modification capitale dans la situation du pays et dont les derniers se sont produits en 1899 seulement, méritaient de trouver un historien, et ils l'ont trouvé, en effet, en la personne du baron Alexandre de Siebold.

Il faut convenir que nul n'était mieux préparé que lui à tracer, avec toute la sûreté de main nécessaire, le tableau des phases successives par lesquelles ont passé les négociations internationales avant d'aboutir au résultat si patiemment poursuivi et si ardemment souhaité par la Cour de Tokyo.

Fils aîné de Philippe-François de Siebold, le célèbre explorateur du Japon (bien connu par son bel ouvrage intitulé : *Nippon, Archives pour la description du Japon*), il a suivi son père dans ce pays en 1859 ; il était alors dans sa treizième année.

Choisi, en 1861, comme secrétaire-interprète par le Gouvernement britannique, on le voit accompagner, à titre de guide politique, le prince Minbou Taïsho, frère du Shogoun, dans la visite qu'il rendit, en 1865, à différentes Cours d'Europe, notamment à celles de Paris et de Londres.

En 1870, il entre au service du Japon en qualité d'attaché au Département des Travaux publics. Chargé successivement de missions importantes à Londres et à Francfort, il s'acquitte de sa tâche à la satisfaction du Gouvernement impérial, qui le récompense en le nommant secrétaire de légation à Vienne, et qui lui confie pendant quelque temps la gérance des affaires diplomatiques à Rome. Rappelé au Japon et attaché au ministère des Finances, il coopère aux réformes fiscales entreprises en vue de transformer le régime financier d'après les modèles européens.

Pendant l'insurrection de Satsouma, il contribue pour une large part à la création d'une Société de la Croix-Rouge, fondée dans le but de porter secours aux blessés ; cette Société, florissante dès le début, peut soutenir avantageusement la comparaison avec les associations similaires du monde entier.

En 1878, M. de Siebold est nommé commissaire honoraire du Gouvernement japonais à l'Exposition universelle de Paris. Peu après, il est désigné pour le poste de secrétaire de légation à Berlin. Mais il ne tarde pas à être mandé à

Tokyo (1882), et, dès son arrivée, il est chargé d'assister, comme secrétaire particulier, le Ministre des Affaires étrangères, M. Inouyé, à la Conférence diplomatique réunie en vue de la revision des traités de commerce. Dans l'intervalle entre la première et la seconde session de la Conférence, il est envoyé, de nouveau, à Berlin, puis à Rome, comme secrétaire de légation. Il revient ensuite prendre part aux délibérations de la Conférence, lors de sa seconde réunion, avec le titre de conseiller de légation. Après la clôture des travaux, il retourne en Europe et refuse un poste élevé qui lui est offert par le Japon dans la diplomatie, sous la condition de se faire naturaliser japonais; il décline également l'offre qui lui est faite d'une chaire de langue japonaise à l'École orientale de Berlin.

Depuis lors, le baron de Siebold a été mêlé à la plupart des grandes négociations diplomatiques dans lesquelles le Japon est intervenu, à Berlin, à Berne et, principalement, à Londres, pendant la guerre sino-japonaise. Habitué aux finesses de la diplomatie, rompu aux affaires et parlant couramment le japonais, il est en mesure de rendre, dans l'avenir, comme il l'a fait déjà dans le passé, des services éminents au Gouvernement de Tokyo.

M. de Siebold a consacré, on peut le dire, sa vie entière au Japon. La brochure qu'il a fait paraître, à la fin de l'an dernier, en Allemagne, et dont il nous a paru bon de publier une traduction française, démontre une fois de plus combien il est attaché à sa patrie d'adoption et le désir qu'il a de faire apprécier en Europe, à leur juste valeur, les progrès qu'elle a réalisés dans toutes les branches des connaissances humaines.

Les événements récents dont la Chine a été le théâtre donnent, nous semble-t-il, un intérêt nouveau à ce travail. Le

Japon a prouvé qu'il se considérait désormais comme soli-
daire des grandes puissances d'Europe et d'Amérique, en
s'unissant à elles pour venger l'humanité outragée à Pékin.
Par les traités récemment revisés, il avait conquis sa place
parmi les nations civilisées; depuis, il a scellé de son sang le
pacte d'amitié qu'il avait conclu avec elles. Grâce à sa situation géographique, à ses ressources économiques et à l'habileté des hommes qui sont à sa tête, ce puissant État (1) sera
certainement appelé à jouer un rôle important, lors du règle-
ment de la question chinoise, et à prendre, par la suite, une
part prépondérante à la direction de la politique internationale dans l'Asie orientale.

FERNAND DAGUIN.

(1) Il est bon de rappeler que le Japon a une superficie de 417.396 kilomètres
carrés, en comprenant dans ce compte l'île de Formose, et une population de
46.026.106 habitants (*Almanach de Gotha*, 1900, p. 953).

AVANT-PROPOS

L'auteur a cru bien faire en remaniant le travail qu'il a
fait paraître, précédemment, en une suite d'articles, sous le
titre de : *Der Eintritt Japans in das Europäische Völkerrecht*
(L'accession du Japon au droit des gens européen), dans la
revue *Ost-Asien* (l'Asie orientale), et en le publiant sous
forme de brochure constituant un ensemble complet ;
l'ouverture de l'empire japonais tout entier au commerce
international, survenue dans l'intervalle, lui a paru devoir
attirer l'attention générale sur le sujet qu'il a traité.

Le présent travail a été rédigé à l'aide de souvenirs et
d'observations personnels, recueillis pendant six séjours faits
au Japon, dans l'intervalle compris entre l'année 1859 et
l'année 1887 ; mais on n'a utilisé en aucune façon, pour le
faire, les documents officiels japonais, qui, malheureusement, ne sont pas encore à la disposition des publicistes.
L'ouvrage qu'un éminent écrivain allemand, Karl Rathgen, a
consacré au même sujet, sous le titre de : *Japans Volkswirthschaft und Staatshaushalt* (L'économie politique et les finances
publiques au Japon), a servi de guide à l'auteur et lui a
fourni une partie des documents statistiques nécessaires,
tandis que les Livres bleus anglais lui ont procuré des matériaux précieux pour l'étude des dernières négociations diplomatiques.

Bien que l'essai d'une esquisse historique des réformes japonaises, préparée au moyen des matériaux insuffisants dont l'auteur disposait, dût forcément présenter des lacunes, celui-ci n'a pas cru, cependant, pouvoir se soustraire à l'obligation de le publier, sa situation de témoin oculaire pendant de longues années et de collaborateur occasionnel, l'appelant, à son avis, en première ligne, à contribuer à la glorification de l'œuvre grandiose accomplie par les hommes d'État et les diplomates de l'époque de Méiji, qui ont posé la pierre fondamentale de la civilisation, au Japon, et qui ont placé ce pays sur un pied d'égalité avec les autres nations du monde.

B⁰ⁿ A. DE S.

Château de Leipheim sur le Danube, décembre 1899.

L'ACCESSION DU JAPON

AU DROIT DES GENS EUROPÉEN

Jusqu'ici, et conformément à leur origine historique, les règles du droit des gens européen n'étaient pleinement en vigueur qu'entre les États chrétiens, européens ou extra-européens. A l'égard des États non chrétiens, les principes du droit des gens ne recevaient, de la part des États chrétiens, qu'une application limitée, variant en étendue selon le degré de civilisation des premiers.

L'entrée même de la Sublime-Porte dans le concert européen et son admission aux avantages du droit public de l'Europe n'ont eu pour conséquence de faire observer que d'une façon très restreinte, à son égard, les règles dont il vient d'être question ; aujourd'hui encore, la Turquie est privée de l'exercice d'une des plus importantes prérogatives de la souveraineté, la juridiction sur les étrangers, ceux-ci restant soumis à leurs tribunaux consulaires nationaux. Les puissances européennes se sont également réservé, sur le territoire turc, l'exercice d'autres droits régaliens, comme celui d'y maintenir une administration postale distincte, et leurs sujets y jouissent de l'exemption d'impôts et d'autres privilèges d'exterritorialité. On sait que l'admission de la Sublime-Porte au bénéfice du droit international public de l'Europe résulte de l'annexe III au traité de paix de Paris, du 30 mars 1856 (1).

Cette admission de la Sublime-Porte, proclamée avec tant de solennité, n'a eu, comme on vient de le voir, qu'une

(1) Sa Majesté l'Empereur des Français, Sa Majesté l'Empereur d'Autriche, Sa Majesté la Reine du Royaume-Uni de Grande-Bretagne et d'Irlande, Sa Majesté le Roi de Prusse, Sa Majesté l'Empereur de toutes les Russies et Sa Majesté le Roi de Sardaigne déclarent la Sublime-Porte admise à participer aux avantages de droit public et au concert européen, etc. — Traité général de paix et d'amitié entre la France, l'Autriche, la Grande-Bretagne, la Prusse, la Russie, la Sardaigne et la Turquie [V. de Clercq, *Recueil des traités de la France*, t. VII (1856-1859), p. 59].

valeur théorique, car il n'a pas encore été possible à la Porte de transformer l'État ottoman conformément aux vues chrétiennes modernes, par l'introduction de réformes opportunes, de sorte qu'elle ne peut se fonder sur les résultats obtenus pour réclamer une application effective du droit des gens européen. La principale difficulté provient de ce qu'en Turquie, comme dans tous les pays mahométans, les princes ne peuvent rien entreprendre contre la religion régnante, ennemie de tout progrès; comme ils sont les chefs de cette religion, il leur est impossible d'ébranler l'institution, parce qu'ils couperaient ainsi, en quelque sorte, la branche qui les supporte.

Le Japon est actuellement le premier Etat oriental qui, au prix de longs efforts, soit parvenu à obtenir, par des traités récents, entrés en vigueur le 17 juillet et le 4 août 1899, la reconnaissance de l'intégralité de ses droits internationaux.

C'est là une innovation en matière de droit international; mais il y a plus : cette innovation marque le commencement d'une ère nouvelle dans les relations de l'Occident avec l'Orient. Les prétentions légitimes du Japon ne pouvaient être reconnues qu'après le triomphe de la civilisation européenne sur l'état archaïque qui y régnait, et cette lutte, dont les spectateurs européens n'apercevaient que les effets extérieurs, est un des épisodes les plus intéressants de l'histoire moderne universelle. Depuis la restauration de la monarchie impériale, en 1868, les efforts incessants du Gouvernement japonais avaient tendu — grâce à l'introduction de réformes dans les institutions surannées et à la propagation d'une civilisation supérieure, grâce aussi à l'accentuation de ses revendications internationales, poursuivies avec une persévérance infatigable — à arracher aux puissances occidentales une revision des traités par lesquels l'ancien Gouvernement japonais (le *Shogounat*) s'était lié envers les États étrangers et avait renoncé, pour un temps indéterminé, comme la Turquie, à l'exercice indépendant de certains droits de souveraineté.

Diverses circonstances concoururent, après la restauration

du Gouvernement impérial japonais, à faciliter cette politique. L'Empire japonais avait sur tous les autres États non chrétiens ce grand avantage de posséder une vieille civilisation nationale, à lui propre, qui, lorsque s'ouvrit l'ère des réformes, se trouvait déjà atteindre un suffisant degré d'avancement pour que le précieux bourgeon de la culture européenne pût se greffer sur le vieux tronc japonais sans grande difficulté. Un pays où le plus pauvre lui-même sait lire et écrire, où la littérature, les arts et les sciences ont été, au cours d'une paix d'environ trois siècles, cultivés avec une ardeur exceptionnelle, où existaient une administration régulière et un ordre social organisé depuis près de mille ans, un pareil pays devait offrir aux actifs réformateurs néo-japonais un excellent terrain pour édifier l'État nouveau.

C'est précisément dans le domaine politique qu'il existe une grande différence entre les Japonais et généralement entre tous les peuples de l'Asie orientale, d'une part, et d'autre part, les mahométans, dont les principes juridiques reposent sur le Koran, ce qui les rend inaccessibles au droit de l'Europe chrétienne. Dans l'Asie orientale, au contraire, l'indifférentisme, fondé sur la philosophie athée de Confucius, prédomine généralement dans les questions religieuses, et c'est la morale qui sert de fondement à la justice.

Au Japon où, après la restauration de la monarchie héréditaire (celle du Mikado), l'influence du bouddhisme, accrue sous le Shogounat, avait été annihilée, il n'existait pas de difficultés fondamentales s'opposant à l'introduction des principes du droit européen, tels qu'ils s'étaient développés chez nous, sous l'influence du christianisme, après avoir tiré leur origine du droit romain. Déjà, les premières tentatives faites en vue de la réforme du droit pénal, modelé, jusque-là, sur le droit chinois, avaient mis en valeur les maximes tempérées et humanitaires du droit européen, conforme aux idées chrétiennes. Il eût été, à coup sûr, beaucoup plus difficile au Gouvernement du Shogoun, abstraction faite de ses tendances antiprogressistes, d'accéder à ces idées; car la dernière famille régnante, celle des Tokougawa, s'était liée étroitement à la

domination des prêtres, qui, devenus infidèles au principe
fondamental de la religion de Bouddha, la tolérance, s'étaient
prêtés à la persécution de la jeune Église chrétienne établie au Japon et à sa complète destruction, aux dix-septième
et dix-huitième siècles.

Contrairement à ce qui avait lieu pour le Shogounat, il
n'existait entre le Gouvernement restauré du Mikado et le
bouddhisme aucune communion politique. La dynastie impériale (celle du Mikado) a bien pour origine historique une
sorte de théocratie; mais elle se rattache à la religion primitive du Japon, le shintoïsme (1), et non au bouddhisme.
D'après les traditions de la première de ces religions,
le Prince est sans doute considéré comme sacré; toutefois, ce n'est pas parce qu'il est regardé comme le représentant de Dieu sur la terre, mais parce qu'il appartient
à une lignée réputée descendre des dieux. L'Empereur du
Japon n'est pas seulement souverain par la grâce de Dieu;
il l'est encore comme descendant des créateurs du Yamato
(l'ancien Japon), à raison de son extraction divine, semblable à celle des héros de l'ancienne Grèce. Cette légende
de la création du Japon par les ancêtres de la maison impériale ayant poussé des racines profondes dans le sentiment
patriotique des Japonais, il n'était pas nécessaire d'en
faire un article de foi dogmatique. C'est pourquoi on put
introduire dans la nouvelle Constitution la liberté de conscience et l'égalité des cultes, en tant que droits fondamentaux, ce qui donna à la religion chrétienne une base légale et
eut pour conséquence le rapprochement du Japon et de l'Occident, à l'inverse de ce qui se produit pour les musulmans,
qui s'obstinent à rester figés dans les principes du Koran.

Toutefois, longtemps avant que la proclamation de la
Constitution, le 11 février 1889, eût fait ranger le Japon au

---

(1) Le shintoïsme est la plus ancienne des religions qui aient été pratiquées au
Japon; elle est basée sur le culte des ancêtres, fondateurs de l'Empire et de la
dynastie impériale. — Il faut remarquer que le nom de *Shintô* (d'origine chinoise),
employé pour désigner la religion primitive du Japon, ne paraît guère avoir été
adopté qu'après l'introduction du Bouddhisme, au VIᵉ siècle de notre ère. — Voir, sur le
Shintô : Le Japon, essai sur les mœurs et les institutions, par J. Hitomi (1 vol. in-8°.
Paris, Larose, 1900), p. 79.

nombre des États constitutionnels, une série de traités l'avaient fait pénétrer graduellement dans la sphère du droit international européen. Mais il restait encore à surmonter les plus grands obstacles.

Lorsque le Gouvernement impérial avait, en 1868, repris du Shogounat les affaires étrangères, il avait trouvé une situation aussi compliquée que peu favorable. Les traités de commerce conclus, en 1854, avec les États-Unis (1), en 1858, avec la Grande-Bretagne (2) et la France (3) et, en 1861, avec la Prusse, avaient créé un état de choses intolérable et, selon toute apparence, injustifiable, par suite de la renonciation à la juridiction sur les étrangers et du défaut de stipulation, dans les conventions, d'un délai de dénonciation. Les droits d'importation et d'exportation, fixés primitivement d'une façon avantageuse, avaient été réduits, par la convention du 25 juin 1866 (4), au taux de 5 pour 100 *ad valorem*, de sorte qu'il était impossible de créer des ressources pécuniaires ou d'augmenter les revenus de l'État, en puisant à cette source. La clause de la nation la plus favorisée permettant à toutes les puissances contractantes d'exiger les mêmes avantages, il était également impossible de profiter des bonnes dispositions éventuelles de l'une ou de l'autre de ces

(1) Le traité de paix, d'amitié et de commerce, qui liait le Japon aux États-Unis, avait été conclu le 31 mars 1854, et les ratifications avaient été échangées, à Simoda, le 21 février 1855 [V. *Treaties and conventions concluded between the United States of America and other Powers, since July, 4, 1776* (1 vol. in-8°; Washington, 1889), p. 597]. Ce traité avait été complété par un second traité destiné à régler le commerce des citoyens américains au Japon et signé, à Simoda, le 17 juin 1857 [V. *Recueil manuel et pratique de traités et conventions,* etc., par le baron Ch. de Martens et le baron Ferd. de Cussy, 2e édit., par F.-H. Geffcken, t. I (1857-1869), p. 37].

(2) Traité de paix, d'amitié et de commerce, signé à Yédo, le 26 avril 1858 (V. *Recueil manuel et pratique de traités et conventions,* etc., 2e édit., par F.-H. Geffcken, t. I, p. 93).

(3) Le traité de paix, d'amitié et de commerce conclu entre la France et le Japon, avait été signé à Yédo, le 9 octobre 1858, et promulgué en France par un décret du 21 mars 1860. Il y était stipulé que les nationaux de chaque pays jouiraient, dans l'autre, d'une entière protection pour leurs personnes et pour leurs biens. Les villes et ports de Hacodadi, Kanagaoua et Nagasaki devaient être ouverts au commerce et aux sujets français, à dater du 15 août 1859; il devait en être de même de la ville de Néé-é-Gata, à dater du 1er janvier 1860, et de la ville de Hiógo, à partir du 1er janvier 1863 (V. de Clercq, *Recueil des traités de la France,* t. VII, 1856-1859, p. 512; A. Carpentier, *Codes et lois de la France; Traités et Table des matières,* p. 113).

(4) Cette convention, qui portait adoption d'un nouveau tarif d'importation et d'exportation, avait été conclue, le 25 juin 1866, entre le Japon, d'une part, et, d'autre part, la France, la Grande-Bretagne, les États-Unis et la Hollande (V. de Clercq, *op. cit.,* t. IX, 1864-1867, p. 548).

puissances et d'obtenir, au moyen de concessions particu-
lières, un adoucissement partiel de la situation. On conti-
nuait, par suite, en attendant, à appliquer, dans les procès
criminels et les instances civiles, autant de systèmes judiciaires qu'il y avait d'États représentés au Japon. Comme il
existait des traités identiques avec une quinzaine d'États, le
Gouvernement japonais avait affaire à quinze tribunaux consulaires différents, employant autant de langues étrangères
et mettant en pratique un nombre égal de systèmes judiciaires et de règles de procédure distincts. D'ailleurs, parmi
les puissances contractantes, il en était peu qui entretinssent
des consuls de carrière, et, parmi ces derniers, la minorité
seulement avait fait des études juridiques. La plupart des
États avaient des consulats gérés par des consuls élus, qui,
en leur qualité de négociants, étaient capables de rendre, avec
quelque compétence, des jugements en matière commerciale;
mais dont les connaissances juridiques étaient tout à fait
insuffisantes pour leur permettre de résoudre des questions
de droit compliquées. Souvent ils n'étaient même pas sujets
de l'État qu'ils représentaient, et, comme ils faisaient des
affaires, il pouvait arriver qu'un demandeur japonais trouvât
en eux, à la fois, un juge et un adversaire.

Tous ces inconvénients étaient encore accrus par l'impossibilité où se trouvait le plaideur japonais de suivre son
adversaire étranger devant les tribunaux d'appel compétents,
placés à l'autre bout du monde (pour les Allemands, par
exemple, à Leipzig). Les frais considérables et l'ignorance
des formes de la procédure européenne faisaient d'un recours
contre une décision consulaire une entreprise désespérée
pour la plupart des indigènes.

Le droit de juridiction, déjà suffisamment anormal par lui-
même, avait, en outre, pour caractère propre de permettre
aux tribunaux consulaires, non seulement de juger les
procès criminels et les affaires civiles, mais encore de s'im-
miscer dans les affaires administratives et de police. Les
autorités japonaises pouvaient édicter des lois et des règlements pour leurs sujets, par exemple des lois sur la chasse,

fixant des périodes pendant lesquelles la recherche du gibier serait interdite, ou des mesures sanitaires, notamment contre l'introduction du choléra; mais pour les étrangers, ces dispositions n'étaient pas obligatoires, puisque le Gouvernement japonais ne pouvait employer contre eux aucune mesure coercitive, et que, d'autre part, les tribunaux consulaires ne pouvaient appliquer que leur droit national. Quelques-uns, seulement, des représentants des grandes puissances, comme, par exemple, l'ambassadeur d'Angleterre, en vertu des *Orders in Council*, pouvaient édicter des ordonnances avec pénalités pour leurs nationaux, et, de cette façon, rendre obligatoires pour ceux-ci les décrets japonais. Mais on n'agissait de la sorte qu'après un remaniement de ces décrets, et cela obligeait le Gouvernement du Japon à soumettre sa législation à une critique minutieuse; souvent même, il lui fallait se résigner à apporter à ses ordonnances des restrictions qui les mutilaient plus ou moins. Comme ce procédé s'étendait à toutes les branches de l'administration, quand les mesures prises devaient avoir force de loi pour les étrangers, on peut juger combien il était difficile de faire passer par quinze autorités diplomatiques et consulaires différentes les mesures les plus nécessaires. Ainsi, par exemple, après la construction des premiers chemins de fer, il arrivait parfois à des étrangers de monter dans les trains sans billets et de continuer leur voyage jusqu'à son terme, malgré l'opposition du conducteur, sans que le consul compétent (il s'agissait, dans un cas qui a fait quelque bruit, d'un Américain) fît autre chose que de se déclarer hors d'état de punir le délinquant (1).

Même en cas d'infractions pénales graves, les criminels que les autorités consulaires avaient fait transporter dans leur patrie demeuraient quelquefois impunis, la législation de leur pays n'ayant pas prévu la poursuite de crimes commis à l'étranger.

Il faut voir là la preuve d'un haut degré de discipline et de

_____

(1) Cf. *Papers relating to the Foreign Relations of the United States*, 1878, p. 515.

moralité chez les membres des colonies étrangères établies au Japon dans ce fait qu'ils n'ont pas abusé plus qu'ils ne l'ont fait de leur situation exceptionnelle, et qu'ils n'ont pas profité, pour commettre de pires excès, des droits d'exterritorialité dont ils jouissaient, droits qui ne sont accordés en Europe qu'aux ambassadeurs et aux agents diplomatiques. D'ailleurs, la discrétion des autorités et la patience de la population indigène, qui voyait fréquemment ses lois enfreintes par les étrangers, méritent aussi les plus grands éloges.

Les premières tentatives faites par le Gouvernement japonais en vue d'améliorer cette situation compliquée, notamment la mission du vice-chancelier Tonomi Iwakoura, aux États-Unis et en Europe, ayant démontré l'impossibilité de supprimer la juridiction consulaire ou même de la modifier, on se décida à faire des démarches en vue de recouvrer tout au moins la direction de l'administration et de la police. Ces efforts furent encouragés par la bienveillance du Gouvernement allemand, dont l'attitude a été toute différente, en cette circonstance, de celle des Gouvernements français et anglais; c'est spécialement le Secrétaire d'État des postes allemandes, M. de Stephan, qui a facilité l'admission du Japon dans l'Union postale universelle et la suppression des bureaux de poste étrangers dans ce pays.

Le 3 mars 1877, M. Aoki, alors ministre du Japon à Berlin, et M. Roth, ministre de Suisse dans cette même ville, signèrent un protocole aux termes duquel le Japon adhérait à la convention de Berne de 1874 (1). A la suite de cette adhésion, le Gouvernement japonais prit en main l'administration des postes et rendit ainsi inutile le maintien des bureaux de poste anglais, français et américains dans les ports ouverts du Japon. Mais quelques années encore s'écoulèrent avant que l'Angleterre acceptât les faits accomplis, et il a fallu une convention spéciale, conclue à Tokyo, le 10 octobre 1879, entre le Ministre des Affaires étrangères, M. Inouyé, et le ministre britannique, Sir Harry Parkes, pour

(1) L'adhésion formelle du Japon est du 20 mars 1877 (V. L. de Neumann et A. de Plason, *Recueil des traités et conventions conclues par l'Autriche*, t. X, p. 116).

que, le 31 décembre 1879, les bureaux de poste anglais ces-
sassent de fonctionner.

Dans la convention conclue à Paris, en 1878, par les
États constituant l'Union postale universelle (1), le Japon
figure déjà comme partie contractante, au même titre que
les autres pays, et, en juillet 1879, nous le voyons également prendre place, comme adhérent de la convention internationale télégraphique, à la Conférence de Londres (2).

Le Japon avait eu l'habileté de s'introduire dans le concert
diplomatique européen par une porte dérobée. Dès lors, il
s'agissait pour lui de prouver à l'Europe, grâce à des réformes
opportunes, qu'il était en situation de réclamer l'égalité des
droits sur le terrain de la civilisation, et, par suite, d'entrer
dans ce concert par la grande porte.

Le rétablissement du Gouvernement impérial avait écarté
pour toujours des affaires le Shogounat, charge héréditaire
existant depuis le moyen âge.

La situation du Shogoun était identique à celle qu'oc-
cupait le maire du Palais (*Major domûs*) auprès des Mérovingiens ; mais, tandis que le pouvoir était passé tout entier des
représentants de cette dynastie aux maires du Palais et que,
finalement, le Carolingien Pépin le Bref avait dépouillé les
Mérovingiens de leur royauté nominale, au Japon, au contraire, ce fut le Shogoun qui fut contraint, le 9 novembre
1867, de restituer au véritable souverain le pouvoir que
celui-ci lui avait confié. Le 8 février 1868, l'Empereur Moutsou-Hito (né le 3 novembre 1852) saisit les rênes du Gouvernement comme monarque absolu.

Pendant le long interrègne qui précéda la restauration,
interrègne durant lequel les Shogouns détinrent le pouvoir
effectif et surent, après de longues guerres civiles, faire
bénéficier le pays d'une paix de deux cent cinquante ans
environ, le prestige idéal des descendants de la vieille dynas-

(1) Convention du 1ᵉʳ juin 1878 (V. de Clercq, *Recueil des traités de la France*,
t. XII, p. 94).

(2) Qui aboutit, le 28 juillet 1879, à la révision de la convention télégraphique
internationale de Saint-Pétersbourg (V. *Archives diplomatiques*, 1878-79, III, p. 108).

tie impériale était resté, par un véritable miracle, tellement intact, qu'aucun des nombreux usurpateurs qui s'étaient succédé n'avait osé porter la main sur la personne sacrée du monarque, ni s'attribuer le titre d'empereur. Le Mikado, bien qu'il ne lui fût resté que des droits purement honorifiques, n'avait jamais cessé d'être considéré comme l'Empereur légitime et comme le détenteur de la souveraineté.

Aussi, lorsque, par le fait de l'abaissement des barrières qui entouraient le Japon et de l'établissement de nouveaux rapports avec l'étranger, de graves difficultés vinrent fondre sur le Gouvernement du Shogoun, tous les patriotes et, à leur tête, plusieurs des seigneurs féodaux les plus considérables se rangèrent-ils autour du trône impérial et contraignirent-ils Kéiki, le dernier Shogoun, à abdiquer.

On ne peut apprécier l'importance de cette révolution, qui ne s'est pas accompli sans de violentes convulsions, qu'en se rappelant qu'au Japon l'institution des maires du Palais héréditaires remonte aux temps les plus reculés. Son caractère militaire bien accusé commence à se faire jour avec Minamoto Yoritomo, en 1185, et, après des luttes ininterrompues entre les grands feudataires, qui, tous, avaient pour ambition d'occuper la plus haute charge de l'Empire, la dictature militaire finit, en 1603, par devenir héréditaire dans la famille Tokougawa, qui la conserva jusqu'en 1867.

Le titre complet du Shogoun était : « Seï-i-taï-Shogun », c'est-à-dire : « grand chef militaire contre les barbares », cette dernière expression ne désignant pas les étrangers, mais les tribus sauvages établies autrefois dans le nord du Japon. C'est par erreur et par suite d'une connaissance imparfaite de l'histoire et du droit public du pays, que les nations entrées en relations avec le Japon avaient pris le Shogoun pour le véritable souverain. Ce haut personnage était communément désigné sous le nom d'Empereur par les voyageurs et les missionnaires des dix-septième et dix-huitième siècles, et, même encore dans les derniers temps, lors de la conclusion de traités, on lui donnait, soit le titre de *His Highness the Emperor* (convention anglaise d'octobre 1854), soit, dans le traité anglais d'août 1858, celui de *His Majesty the Tycoon*, soit enfin, dans le traité prussien de janvier 1861, celui de *Seine Majestät der Taïkun*. Il convient de faire remarquer ici que le titre de *Taïcoun* ne signifie littéralement que *haut seigneur* (quelque chose comme *serenissimus*), titre inconnu au Japon et adopté, sans doute, à l'exemple des Chinois, lors de la conclusion des traités, pour masquer la qualification politique imparfaite du Shogoun.

La restauration du Gouvernement monarchique constitua le premier pas vers l'unité nationale; le second fut fait lors de l'abolition du système féodal.

Le système féodal japonais, de même que la féodalité allemande, reposait sur la concession de bénéfices et l'institution de la vassalité. Aussi longtemps que l'Empereur régna personnellement, il fut considéré comme le suzerain général, et il octroya à ses guerriers des domaines dépendant de la couronne ou des territoires conquis. Les temples shintoïstes et bouddhistes étaient également dotés de fiefs. Plus tard, à l'époque des Shogouns de la maison Tokougawa, la suprématie avait passé théoriquement aux Shogouns, mais seulement en leur qualité de mandataires du Mikado. Au moment de l'ouverture du Japon aux étrangers, un tiers du territoire se trouvait placé sous le gouvernement direct du Shogoun; le reste était partagé entre les *Daïmios* ou grands feudataires territoriaux, qui, avec leurs vassaux, constituaient la noblesse militaire (*Buké*), tandis que la noblesse de la cour du Mikado (*Kugé*) ne possédait aucun domaine foncier.

La division du pays d'après le système féodal avait reçu, dès le commencement du dix-septième siècle, une assiette fixe et déterminée. La haute noblesse comprenait dix-huit Kokoushiou ou grands feudataires, qui, le plus souvent, gouvernaient une province entière et, dans l'étendue de leur fief, jouissaient de l'autonomie la plus complète. Ils disposaient aussi de la force militaire dont ils avaient besoin, grâce au grand nombre de vassaux qu'ils possédaient et qui leur étaient fidèlement attachés. Une seconde classe de seigneurs fonciers, les Tozama, jouissait, d'après les principes du droit public, des mêmes privilèges que les Kokoushiou ; mais, la plupart du temps, la puissance nécessaire pour s'émanciper, à l'instar des premiers, leur faisait défaut. Une troisième classe, celle des Foudaï, vassaux immédiats des Tokougawa, formait leur suite et était astreinte au service de l'armée et de la cour. Parmi les représentants de cette dernière classe, on comptait des familles apparentées aux Tokougawa ; ces familles, en cas d'extinction de la branche directe, avaient des droits à sa succession.

Dans l'étendue de leurs fiefs, ces grands feudataires possédaient le droit de haute et de basse justice, avaient la haute main sur toutes les branches de l'administration, exerçaient l'autorité souveraine en matière de finances, et avaient même, en partie, le droit de battre monnaie. Ils recevaient, à leur avènement, des lettres d'investiture du Shogoun, qui déterminaient le chiffre du revenu du domaine. Le montant nominal de ce revenu, consistant principalement en une redevance foncière payée par les paysans, n'était pas toujours, à la vérité, complètement atteint comme recettes ; mais, parfois, le Bureau seigneurial des recettes compétent savait tirer du domaine un revenu supérieur. Que les paysans fussent ruinés par ce fait, c'était chose dont généralement on se préoccupait peu.

L'obligation des seigneurs féodaux envers le Shogoun consistait dans le payement d'un certain tribut, acquitté, le plus souvent, en nature, au moyen des produits du fief, dans le service militaire et dans l'exécution de certains travaux publics prescrits par lui ; à vrai dire, ces travaux n'étaient guère imposés qu'à titre de punition ou dans un but politique, afin d'appauvrir le trésor des seigneurs, devenu trop riche. Il était interdit de nouer des relations avec l'étranger et d'engager des guerres privées ; le mariage et l'adoption dépendaient du consentement du Shogoun, qui seul également accordait le renouvellement de l'investiture, à chaque changement dans la personne du titulaire, survenu par voie de succession. Une prescription très pénible était celle qui imposait à tous les princes l'obligation de séjourner, une année sur deux, au lieu de résidence du Shogoun, et de laisser, pendant leur séjour dans leurs domaines, leurs femmes et leurs enfants, comme otages, dans la capitale, c'est-à-dire à Yédo.

La faiblesse d'une forme de Gouvernement qui partageait les droits de souveraineté entre deux cent soixante seigneurs fonciers environ était manifeste. Par suite du défaut d'entente à l'intérieur, toute résistance, à l'extérieur, était impossible, en même temps que toute réforme dans le sens du progrès était exclue. Ceci était parfaitement connu, et depuis longtemps déjà, des chefs éclairés du parti réformiste, parmi lesquels nous ne voulons nommer ici que quelques-uns de ceux qui sont morts aujourd'hui, tels que Kido, Saigo, Okoubo et Goto. A la vérité, et ainsi qu'on vient de le voir, le renversement du Shogoun a été la conséquence de la victoire des troupes de plusieurs grands seigneurs fonciers, qui s'étaient unis pour rétablir le vieux trône impérial et qui représentaient l'élément féodal conservateur; mais, néanmoins, le mouvement national proprement dit, tendant à une restauration, et l'initiative morale de la réorganisation du Japon doivent être attribués aux éléments jeunes de la petite noblesse. Ceux-ci avaient parfaitement compris que le maintien du système féodal était incompatible avec l'existence même de la monarchie.

Au cours des premières années du règne de l'Empereur Moutsou-Hito, les troupes impériales, constituées à l'aide des contingents fournis par les seigneurs loyaux et de corps de volontaires, vainquirent la résistance des partisans du Shogoun et des Foudaï-Daïmios qui lui étaient restés fidèles dans les diverses provinces.

Sur ces entrefaites, le Shogoun Keiki lui-même fut déclaré déchu de tout droit sur ses domaines personnels, dont une partie seulement fut laissée à un représentant mineur de la famille Tokougawa. Les seigneurs unis à lui par des liens de vassalité furent déposés et une partie de leurs biens confisqués. Le Gouvernement impérial se saisit de l'administration de la capitale, Tokyo, ainsi que de celle des provinces ayant appartenu précédemment au Shogoun, et des mesures furent prises pour organiser un Gouvernement central, avec un Conseil d'État, en même temps que la vieille Constitution de l'Empire, avec ses formes historiques, était remise en honneur. Toutefois, les conseillers de la cour de l'empereur, transférée de Kyoto à Yédo (Tokyo), l'ancienne résidence du Shogoun, étaient placés dans une des situations les plus difficiles où un jeune Gouvernement se soit jamais trouvé. L'armée, composée des contingents hétérogènes mis sur pied par tous les seigneurs féodaux fidèles à l'Empire, était brave et pleine d'enthousiasme pour son souverain, mais possédée d'une haine fanatique envers les étrangers et ennemie de tout ce qui tirait son origine de l'extérieur. Elle avait été entraînée au combat avec le cri de guerre : « Pour l'Empereur et pour l'expulsion des barbares », c'est-à-dire des étrangers. Cet état d'esprit, qui s'était manifesté par l'assassinat d'Européens et par une agression sanglante contre le ministre d'Angleterre, alors qu'il se rendait solennellement à la cour du Mikado, avait entraîné de graves complications avec les puissances occidentales. En outre, la fidélité proverbiale des vassaux à l'égard de leur suzerain particulier était tellement entrée dans le sang et la chair de ceux-ci, que tout vassal était prêt, sur un signe de son seigneur, non seulement à perdre la vie sur le champ de bataille, mais encore à se donner la mort par le Harakiri (c'est-dire en s'ouvrant le corps), à supposer que le bien de ce seigneur eût exigé un pareil sacrifice. Triompher de ces préjugés particularistes, transformer la haine contre tout ce qui était étranger en une conception plus exacte de la nécessité des réformes et en même temps porter la cognée sur ce chancre de l'État japonais, le système féodal, constituait une tâche d'autant plus difficile à mener à bien que, pour opérer cette révolution, les chefs de la réforme ne disposaient que de moyens pécuniaires insignifiants, et qu'ils n'avaient à leur service aucune armée gouvernementale proprement dite. En France et en Angleterre, la royauté avait brisé peu à peu la puissance de l'aristocratie féodale. En Allemagne, les princes mêmes, sauf ceux qui furent médiatisés, cessèrent d'être vassaux de l'Empire pour acquérir la possession indépendante du pouvoir souverain (1). En France, la Révolution de 1789 avait complètement détruit les privilèges particuliers de la noblesse. Mais partout, même en Allemagne, il fallut des luttes prolongées. En France, ce fut la puissance de la démocratie qui dépouilla la noblesse, affaiblie et démoralisée, de ses derniers privilèges. Au Japon, au contraire, c'était la noblesse féodale, du moins la partie de celle-ci qui s'était rangée du côté de l'Empereur, qui avait remporté la victoire. Le peuple, en dehors de la noblesse militaire et savante, ne comptait pas. Il était impossible de faire fond sur le paysan asservi et ruiné, ou sur le bourgeois, qui avait perdu, par l'effet d'un dédain séculaire, la conscience de sa propre dignité, pour exécuter les réformes dirigées contre la noblesse. Le despotisme exercé sous le Shogounat avait, d'ailleurs, tellement annihilé la conscience publique, en matière politique, que la langue du pays manquait de termes pour exprimer les notions de droit et de liberté.

Il semblait donc que ce fût une entreprise plus que téméraire, de la part d'une demi-douzaine de patriotes résolus, soutenus par l'expérience de quelques jeunes étudiants rentrés d'Europe, d'oser développer un programme tendant à opérer, en un petit nombre d'années, la centralisation du pouvoir au moyen de la médiatisation des grands feudataires de l'Empire. Ce pouvoir centralisé devait d'abord, sous l'autorité absolue de l'Empereur, introduire les réformes nécessaires, puis, peu à peu, faire participer les représentants du peuple à la confection des lois. L'application de ces mesures radicales fut facilitée par cette circonstance que la plupart des seigneurs territoriaux eux-mêmes, à l'exception de quelques princes à l'esprit éminent, tels que ceux de Choshou, Satsouma, Tosa, Hizen, Echizen et Ouvazima, étaient descendus, grâce à la vie amollissante qu'ils menaient dans leurs cours et à Yédo, au rang de marionnettes sans volonté, aux ordres de la camarilla, et que, par ce fait, le pouvoir était tombé aux mains de leurs grands vassaux, les *Karôs*,

---

(1) Tel fut le cas des souverains de la Prusse, de la Bavière, de la Saxe, etc.

dans les familles desquels les emplois en dépendant avaient
fini par devenir héréditaires. Mais ces familles de dignitaires
avaient, fréquemment aussi, dégénéré avec le temps, et les
événements survenus brusquement avaient, au cours de la
restauration, laissé passer l'administration effective des
grands fiefs et des domaines qui en mouvaient à des jeunes
gens appartenant à la petite noblesse, mais unissant la fer-
meté de caractère à l'audace. Heureusement, les chefs intel-
lectuels de la restauration réussirent à endiguer et à diriger
l'enthousiasme général et le patriotisme, toujours prêt aux
plus grands sacrifices, de manière à les faire servir en même
temps aux intérêts de la dynastie et au triomphe du progrès.
Le mot d'ordre fut que l'Empereur devait être effectivement
l'unique souverain du pays, si l'on voulait sauver l'Empire, et
qu'un pouvoir centralisé pouvait seul assurer l'indépendance
de la patrie, tandis que, pour réaliser les progrès désirables,
on devait faire appel, sans réserve, aux connaissances scientifiques et techniques de l'Occident, plus avancé, à cet égard,
que le Japon; sans quoi, le maintien du système actuel des
petits souverains féodaux, divisés entre eux, ébranlerait la
puissance de l'Empire, et le Japon finirait, comme tant
d'autres États asiatiques, par devenir la proie des conqué-
rants occidentaux. Le salut se trouvait uniquement dans la
médiatisation volontaire de tous les seigneurs féodaux et
dans la fusion de toutes les classes.

Le 6 avril 1868, une sorte d'assemblée des États généraux
fut réunie; le nouveau programme de gouvernement y fut
proclamé sous la forme solennelle d'un serment impérial.
La déclaration de l'Empereur contenait déjà en germe les
principes d'un gouvernement, non seulement constitutionnel,
mais encore démocratique, dans lequel la représentation
de l'ensemble du peuple était garantie. Il y était dit que
« toutes les mesures d'ordre politique devaient s'inspirer des
vœux du peuple », que « l'accord devait régner entre le gouvernement et le peuple », que « le gouvernement civil et le
commandement militaire ne devaient pas rester séparés plus
longtemps (en d'autres termes, suppression de la préémi-

nence de la noblesse militaire) ». En outre, il convenait de réformer les mœurs et les usages du vieux temps ; l'impartialité et la justice devaient servir de base au Gouvernement de l'État. On devait également répandre partout la civilisation et les sciences, afin d'assurer la sécurité de l'Empire.

Ce sont ces principes, sans contredit, qui ont, par la suite, conduit au développement actuel du système parlementaire japonais.

En mai 1869, une adresse fut publiée par les princes des provinces de l'Ouest et du Sud, qui avaient le plus contribué, l'année précédente, à la restauration du Gouvernement monarchique. Ces princes étaient les seigneurs de Satsouma, Choshou, Tosa et Hizen ; ils déclaraient qu'après avoir reconnu la nécessité d'une centralisation du pouvoir, ils restituaient à l'Empereur, pour qu'il en disposât librement, les lettres d'investiture qu'ils avaient reçues du Shogoun (ces lettres étaient désignées sous le nom de *Goshuin* ou sceaux rouges de l'État). D'autres Daïmios suivirent cet exemple de magnanimité ; plus de deux cents d'entre eux firent spontanément le sacrifice, non seulement de leurs privilèges, mais encore de leurs châteaux et de leurs terres. L'Empereur accepta cette offre patriotique et investit provisoirement les seigneurs féodaux du titre de lieutenants impériaux dans leurs anciens domaines. Mais, dès le 29 août 1871, il intervint un décret impérial qui médiatisa complètement les seigneurs féodaux, moyennant l'attribution d'un traitement, sorte de liste civile, montant à 10 pour 100 de leurs anciens revenus, et qui substitua aux domaines territoriaux ou féodaux existant antérieurement (domaines nommés *Han*) une division de l'Empire en arrondissements administratifs et en municipalités (*Ken* et *Fou*), sous l'autorité de préfets impériaux.

Les princes et les seigneurs livrèrent alors à l'Empereur leurs châteaux, leurs navires de guerre, leurs armes et tout l'appareil de l'administration, et ils licencièrent leurs vassaux, qui furent indemnisés par de petites pensions. Les seigneurs médiatisés conservèrent, chacun, un seul de leurs

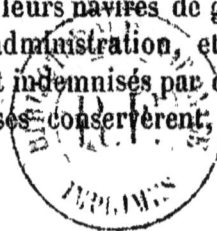

[cachet de bibliothèque]

2

hôtels, à Tokyo. Cet hôtel leur fut assigné comme résidence.
Toutefois, on leur accorda volontiers la permission de se
rendre en Europe pour y étudier, permission dont les plus
jeunes membres de l'aristocratie usèrent fréquemment. La
transformation s'opéra dans le plus grand ordre et avec le
plus grand calme, et, bien que la suppression de tant de
cours et de gouvernements dût entraîner la ruine de milliers
d'existences, la plus importante des révolutions put s'accomplir presque sans résistance, tellement on était persuadé de
la nécessité de la mesure. Les insurrections qui éclatèrent,
quelques années plus tard, dans différentes provinces, furent,
à la vérité, fomentées par l'ancienne noblesse militaire; mais
elles eurent d'autres mobiles et un autre objet que le rétablissement du système féodal, bien que, notamment, lors de
la grande insurrection de Satsouma, il y eût certainement
en jeu des tendances particularistes.

On ne peut s'empêcher d'établir un rapprochement entre
ces événements mémorables et ceux de l'histoire de France,
à l'époque de la première Révolution. La célèbre séance de
l'Assemblée nationale, du 4 août 1789, où la noblesse française fit spontanément le sacrifice de ses privilèges, offre
une certaine analogie avec l'attitude des Daïmios du Sud
et de l'Ouest. Au Japon, toutefois, il s'agissait de beaucoup
plus que de privilèges et d'avantages particuliers, car on
faisait l'abandon intégral d'une situation comportant la
jouissance d'une autonomie presque complète et de droits de
souveraineté territoriale très étendus, situation à laquelle
étaient attachés, en outre, des revenus pécuniaires considérables, tant publics que privés. Cet événement constitue
le phénomène le plus grandiose que l'on ait à enregistrer
dans l'histoire du Japon, phénomène à peine croyable et qui
laisse à l'arrière-plan les actes de Pierre le Grand, les réformes de Joseph II et même la Révolution française.

Le Japon avait franchi, dans un espace de temps extrême-
ment court, plusieurs siècles de développement européen,
et il se trouvait, dès lors, en mesure de se transformer en
un État régulièrement constitué selon les idées modernes.

Le premier pas fait dans cette voie consista dans l'affranchissement de la classe des paysans. Antérieurement à la Restauration, le paysan n'avait pas la propriété du sol; mais il était une sorte de fermier héréditaire attaché à la glèbe. L'Empereur était le seigneur foncier suprême, et il concédait à la noblesse certains districts ou certains villages, soit à titre de fief, soit en assignant seulement aux concessionnaires la jouissance du revenu foncier. Les nobles ne se contentaient pas de percevoir ces revenus avec la dernière rigueur; ils écrasaient encore le paysan sous des corvées et des charges coutumières de toute nature. Par la législation des années 1868 à 1874, le paysan fut affranchi, sans indemnité de sa part, de toutes les corvées, et l'ancien fermier héréditaire devint le propriétaire exclusif du sol. Les charges féodales et la rente foncière furent remplacées par un système d'impôts fonciers, et le Gouvernement, prenant en considération cette circonstance que l'agriculture constituait le plus important facteur de la vie économique du Japon, prit pour objectif, dès qu'il le put, la substitution au système jusqu'alors en vigueur d'une imposition frappant inégalement le sol, d'un système uniforme de contributions, basé sur la valeur vénale des propriétés et ayant pour corollaire un arpentage général, avec inscription cadastrale, des différentes parcelles. En 1877, l'impôt foncier fut provisoirement abaissé à 2 1/2 pour 100 de la valeur, ce qui, étant donné le rendement de 8 à 10 pour 100 des propriétés, eu égard à leur valeur vénale, constituait toujours un allégement sensible par rapport aux lourdes charges qui grevaient les contribuables antérieurement.

La tâche qui s'imposait ensuite au nouveau Gouvernement consistait à doter l'État d'un système administratif qui pût, conformément à la déclaration impériale du 6 avril 1868, assurer l'introduction de réformes ultérieures. Au début, on eut à surmonter de grandes difficultés, car on manquait à la fois d'argent et d'un personnel de fonctionnaires rompus au métier. On plaça à la tête du Gouvernement un Conseil d'État, avec un chancelier de l'Empire et deux vicechanceliers. Au-dessous de ces hauts fonctionnaires furent établies des administrations centrales ou ministères, subdivisées elles-mêmes en différentes sections. Le chancelier de l'Empire et le premier vice-chancelier furent pris dans la noblesse de la cour de l'Empire, et le poste de second vice-chancelier fut occupé, pour un temps, par l'ancien prince de Satsouma, qui, d'ailleurs, ne considérait sa charge que comme une dignité purement honorifique.

Une grande activité se manifesta, principalement au Conseil d'État, où siégeaient les organes les plus distingués du parti réformiste, représentants, en même temps, des anciens clans féodaux, parmi lesquels il convient de citer Saïgo, Kido, Itagaki, Okouma, attachés respectivement aux clans Satsouma, Choshou, Tosa et Hizen, alors que le prince Sanjo, comme premier chancelier de l'Empire, et Iwakoura, comme vice-chancelier, y représentèrent, pendant longtemps, la vieille noblesse de cour de l'Empire. Les Administrations centrales, c'est-à-dire les Ministères de la maison de l'Empereur, du culte (ministère supprimé en 1876), des Affaires étrangères, des Finances, de la Guerre, de la Marine, de l'Instruction publique, des Travaux publics, de la Justice, de l'Intérieur, de l'Agriculture et du Commerce, et, transitoirement, l'Administration centrale des affaires coloniales, furent organisés d'après les modèles européens. Au début, le Conseil d'État et le Conseil des Ministres ou des chefs de département formaient deux corps distincts. Mais, plus tard, cette séparation fut supprimée comme peu pratique, et chaque conseiller d'État devint en même temps chef d'un ministère. Ce système dura jusqu'à la création du Parlement, et c'est à lui que le Japon doit ses plus grands succès.

S'il nous fallait exposer dans leurs détails et d'une façon absolument complète les réformes japonaises, nous serions conduits trop loin; il suffira d'en présenter ici un aperçu sommaire (1).

---

(1) Nous rappellerons que l'Empereur a octroyé une Constitution à son peuple le 11 février 1889. D'après cette Constitution, l'Empereur exerce seul le pouvoir exécutif, et le pouvoir législatif avec le concours d'un Parlement divisé en deux Chambres :

Les premières réformes eurent pour objet la constitution d'une armée, au moyen de l'introduction du service militaire obligatoire, l'institution d'un régime financier basé sur l'établissement de budgets et d'états réguliers, le relèvement du niveau intellectuel du peuple, au moyen de l'instruction générale obligatoire et de la fondation d'établissements d'enseignement supérieur. L'introduction de moyens de communication empruntés à l'Europe, tels que chemins de fer et télégraphes, et l'établissement de lignes de bateaux à vapeur et de bureaux de poste eurent lieu simultanément, pendant que, d'autre part, la séparation de l'administration et de la justice marchait de pair avec la réforme des lois civiles et pénales.

On s'était déterminé à adopter le service militaire obligatoire pour tous dans la conviction où l'on était de l'impossibilité, pour les membres de l'ancienne noblesse militaire, de se plier à la discipline des armées européennes. On se proposait également de bannir de l'armée la politique et, spécialement, l'esprit de particularisme, engendré par l'ancien système féodal. Faute de cette réforme, le Gouvernement impérial eût été nécessairement exposé, comme au moyen âge, aux entreprises et aux coups d'État de généraux devenus populaires. Une autre mesure, dictée par la nécessité de centraliser le pouvoir, consista dans la suppression de la situation privilégiée de la petite noblesse, qui, jusque-là, avait, en tant que caste militaire, fait seule le service de l'armée, percevant, en échange, à titre héréditaire, des rentes fixes, établies pour partie sur la propriété foncière, et occupant, après la haute noblesse, le premier rang dans l'Empire. L'abolition du régime féodal n'aurait été qu'une demi-mesure, si la

la Chambre des pairs et la Chambre des députés. La première se compose des princes du sang, de nobles et de particuliers nommés par le souverain ; la seconde se compose de députés élus par le pays (voir la traduction de la Constitution japonaise, par MM. Itchiro Motono et G. Appert, dans l'*Annuaire de législation étrangère*, XIXᵉ année, p. 1032.) — MM. F.-R. Dareste et P. Dareste ont également donné une traduction française de la Constitution japonaise, dans leur ouvrage intitulé : *les Constitutions modernes* ; 2ᵉ édit., t. II, p. 593. Parmi les ouvrages publiés, en français, sur la même Constitution, on peut citer : *Étude sur la Constitution du Japon*, par Nosawa Takematsu, 1 vol. in-8°, Paris, L. Larose, 1896 ; et *La Constitution de l'Empire du Japon*, par Tanaka Yudourou, 1 vol. gr. in-8°, Paris, L. Larose, 1899.

petite noblesse avait conservé plus longtemps ses prérogatives spéciales. Mais, à vrai dire, c'était une résolution très
pénible à prendre que celle qui consistait à priver, d'un trait
de plume, de sa situation privilégiée, cette caste, qui avait
combattu bravement, en exposant sa vie pour l'Empereur,
et à étendre à toutes les classes ce qui avait été sa principale
prérogative, c'est-à-dire la charge exclusive du service mili-
litaire. Ces mesures radicales, en effet, devaient avoir pour
conséquence de priver de ses ressources la petite noblesse ; car
les revenus héréditaires qui avaient assuré jusque-là l'existence des familles appartenant à cette classe avaient leur
source dans les devoirs féodaux et dans le service militaire,
ainsi que cela avait lieu autrefois, en Prusse, pour les terres
nobles. Néanmoins, le 28 décembre 1872, une proclamation
impériale annonça l'introduction du service militaire obligatoire pour tous. Cette obligation devait commencer à vingt
ans et le service lui-même comprendre trois années passées
sous les drapeaux, deux années passées dans la première
réserve et deux années dans la seconde. En outre, tous les
hommes aptes au service devaient appartenir, de dix-sept
à quarante ans, à l'arrière-ban (*Landsturm*). La petite noblesse fut indemnisée, au moyen de l'attribution d'un capital,
en fonds d'État, calculé proportionnellement à ses anciens
revenus ; mais le calcul fut fait si parcimonieusement que la
plupart des intéressés durent vendre leurs valeurs et commencer, dès lors, la lutte pour la vie dans les conditions les
plus défavorables. Les hommes les plus jeunes et les plus
vigoureux trouvèrent largement à s'employer comme officiers dans l'armée ou comme agents dans la police, tandis
que ceux qui possédaient une instruction littéraire purent
gagner leur vie comme fonctionnaires.

Le corps des officiers se compose, encore aujourd'hui,
presque exclusivement de membres de l'ancienne classe des
Samouraï. Les jeunes officiers sortent, pour la plupart, des
écoles d'officiers établies sur le modèle français. Au début,
le Gouvernement japonais s'adressa à la France pour avoir
des officiers instructeurs ; mais, plus tard, il a donné la pré-

férence au système militaire allemand, à tel point que, peu à peu, il a remplacé les instructeurs français par des instructeurs allemands, et que même il a détaché quelques officiers japonais pour servir dans l'armée allemande.

Les succès remportés par le Japon dans la guerre chinoise (1) sont la meilleure preuve de l'aptitude des Japonais au métier militaire (2).

M. Rathgen, qui se trouvait au service du Japon, dans le pays même, à une époque postérieure, décrit la situation générale, au début de l'ère des réformes, dans les termes suivants (3) :

« La tâche qui incombait à ces hommes (ceux qui composaient le nouveau Gouvernement) était loin d'être facile. Assurément, ils avaient cet avantage de disposer de l'autorité sacrée de l'Empereur, de pouvoir, par suite de la soumission volontaire de la maison de Tokougawa, utiliser la vieille

(1) On trouvera un intéressant aperçu des résultats de la guerre sino-japonaise dans l'ouvrage de M. I. Hitomi, intitulé : *Histoire du Japon; essai sur les mœurs et les institutions* (1 vol. in-8°, Paris; Larose, 1900), p. 70 et suiv.

(2) Le décret impérial du 16 mars 1896, si particulièrement important au point de vue du développement de l'armée japonaise, a posé les bases de l'organisation de celle-ci ; on est parvenu, à la fin de 1899, à mettre ce décret à exécution dans la majeure partie de ses dispositions. Il ne reste plus qu'à compléter, en 1900, les formations de l'artillerie et du génie pour que l'armée active soit entièrement organisée d'après le plan arrêté par le décret en question. A la fin de 1899, les forces militaires comprenaient trois armées (celle de l'Est, celle du Centre et celle de l'Ouest, chacune à quatre divisions, plus une division de la garde, sous les ordres directs du Mikado), se subdivisant en quinze divisions, vingt-six brigades d'infanterie, cinquante-deux régiments d'infanterie formant cent cinquante-six bataillons, treize régiments d'artillerie comptant, primitivement, soixante-dix-neuf batteries de campagne et de montagne, mais devant atteindre, dès 1900, leur complet de cent dix-sept batteries, réparties entre trente-neuf sections à trois batteries chacune, treize bataillons de pionniers comptant, jusqu'à la fin de 1900, vingt-huit compagnies, et devant, plus tard, en compter trente-neuf, treize bataillons du train des équipages, comptant vingt-six compagnies, un bataillon des chemins de fer et télégraphes, à trois compagnies. Au point de vue de l'armement, le matériel ne manque pas. Au lieu de 50.000 à 60.000 recrues que le Japon incorpore, chaque année, dans son armée, on pourrait, sans que la mesure dût paraître trop rigoureuse, en appeler plus du double, et il resterait encore un nombre d'hommes considérable à placer dans la réserve de complément, ou directement dans l'arrière-ban (d'après des articles de journaux). — L'effectif de l'armée, sur le pied de paix, s'élevait, en 1899, à 411.132 hommes, dont 8.857 officiers (*Almanach de Gotha*, édit. de 1900, p. 957).

(3) *Japans Volkswirthschaft und Staatshaushalt*, par Charles Rathgen, le seul ouvrage rédigé d'après des données scientifiques et à l'aide de documents statistiques, sur l'administration publique et la situation économique actuelle, au Japon; nous l'avons fréquemment suivi dans notre aperçu de la réforme administrative entreprise par le Gouvernement japonais.

machine administrative tout entière, avec le personnel éprouvé d'employés moyens et subalternes du Bakoufou (le Shogounat), propre à servir de pépinière à l'Administration future, de trouver, à la suite d'une éducation de deux siècles, le bas peuple plus maniable et plus amoureux de l'ordre qu'aucun autre peuple du monde. Mais, par contre, les moyens matériels faisaient défaut à l'Empereur. Ce souverain ne possédait ni soldats, ni revenus.

« La prise de possession par l'Administration impériale des provinces placées autrefois sous l'administration directe du Bakoufou modifia un peu cette situation. Mais il était impossible de se fier aux soldats du Shogoun, bien qu'ils fussent exercés depuis peu d'après la méthode française ; quant aux caisses et aux magasins d'approvisionnement du Bakoufou, ils étaient pour ainsi dire vides. Les faibles recettes provenant des contributions et des douanes ne pouvaient être qu'une goutte d'eau jetée sur la pierre brûlante des besoins de la nouvelle Administration. Les provinces victorieuses étaient, à la vérité, en état de fournir des troupes pour la sauvegarde du nouveau régime ; mais elles n'avaient pas d'argent non plus. Il fallait donc compter uniquement sur l'avenir et, en attendant, payer à l'aide de papier-monnaie. Si le menu peuple était facile à gouverner, à l'inverse, la caste des Samouraï créait de sérieux embarras. Une partie de ces derniers venait de lutter, les armes à la main, contre le nouveau Gouvernement, et, pendant un certain temps, on put douter que la mansuétude déployée à leur égard dût atteindre son but. En revanche, un grand nombre de ceux qui s'étaient rangés du côté du Gouvernement considéraient que la restauration du pouvoir impérial constituait seulement la première partie du programme à exécuter. La seconde partie devait consister dans *l'expulsion des odieux barbares étrangers*. C'était surtout parmi les Shimpei, les bandes de Ronins incorporées dans l'armée impériale (les Ronins étaient des Samouraï qui n'étaient liés aux princes féodaux par aucun lien de vasselage), que ces idées étaient répandues. Au contraire, dans les cercles dirigeants, la pensée d'une expulsion violente des étrangers avait été complètement écartée. On combattit ces tendances au moyen d'une proclamation impériale et en usant d'une sévérité impitoyable. »

Nous devons ajouter à ces considérations de Rathgen que les hommes d'État qui dirigeaient la politique japonaise se montrèrent également assez intelligents pour utiliser au profit des réformes cet esprit ultra-conservateur, qui n'était, en somme, que la résultante d'un patriotisme passionné ; car la haine de l'étranger provenait d'un sentiment d'appréhension qui faisait craindre pour la sûreté de la patrie. Ils parvinrent à faire comprendre à ces exaltés que l'avenir du pays n'exigeait pas, pour le moment, l'abandon de leur vie, qu'ils étaient prêts à sacrifier sur l'autel de la patrie, mais seulement la renonciation à leurs anciens privilèges et à leurs anciens préjugés, et qu'il convenait, en leur lieu et place, de s'approprier les procédés de culture qui avaient rendu l'Europe grande et puissante. Les quelques Japonais qui avaient voyagé en Europe, avant la Révolution, tels qu'Ito et Inouyé, servirent, en qualité de missionnaires, à propager le nouveau dogme politique, dont la diffusion n'alla pas sans exposer fréquemment les propagandistes à des coups de sabre. Peu à peu cependant, la lumière pénétra dans ces esprits fanatisés, dont un certain nombre, pris parmi les plus intelligents et les plus instruits, furent envoyés en Europe, d'où ils revinrent pleinement convaincus de la supériorité des nations européennes, pour s'attacher aux réformes, dont ils devinrent les champions les plus déterminés.

Indépendamment de la caste des Samouraï, les partisans de la littérature classique chinoise donnèrent de graves soucis au Gouvernement. On sait que le Japon a reçu sa civilisation et sa littérature de la Chine. Ces deux pays, qui considéraient comme constituant la perfection suprême le système des devoirs, tel qu'il est consacré par la morale chinoise, ne pouvaient absolument pas se plier à l'organisation politique européenne, qui repose sur la théorie des droits. Les savants de l'école chinoise regardaient, d'ailleurs, avec mépris les sciences européennes, et concédaient, tout au plus, que certaines inventions techniques, telles que la vapeur, l'électricité, et, à la rigueur même, le perfectionnement des armes, pouvaient être acceptées; mais, à aucun prix, ils ne voulaient admettre la morale et la philosophie de l'Occident. Ils combattaient spécialement l'adoption des mœurs et des usages européens concernant la vie de famille, car le culte de la femme y usurpait, à leur point de vue, l'autorité que seule, rationnellement, devait posséder la puissance paternelle. Le sentiment général n'était pas précisément hostile au christianisme; on envisageait, en effet, la satisfaction des besoins religieux comme une affaire d'ordre privé pour chaque particulier. D'ailleurs, il était à peine question, surtout dans les premiers temps, de l'opposition des prêtres bouddhistes, qui, dans l'intervalle, avaient perdu presque toute leur influence. En conséquence, le Gouvernement était en situation de laisser, d'abord, tomber en désuétude les édits portés contre les chrétiens indigènes et remontant à l'époque du Shogounat, et, plus tard, de les abroger entièrement. En définitive, la liberté de conscience fut inscrite au nombre des droits fondamentaux que la Constitution a consacrés (1).

Il n'est pas de domaine dans lequel le Japon ait fait plus

(1) D'après un article de journal reproduit ci-après, ce droit fondamental est reconnu aujourd'hui par les bouddhistes influents : « Le Concile des prélats bouddhistes, qui s'est tenu du 5 au 12 juin 1899, à Kyoto, a clos sa session après avoir réduit à néant les espérances de ceux qui avaient compté sur l'appui de ces prélats pour l'exécution de leurs desseins politiques. Un moment, on crut que la vie publique du Japon tout entière allait recevoir du Concile une impulsion nouvelle, que cette assemblée allait donner naissance à un nouveau parti politique qui, soutenu par l'ensemble du clergé, aurait été en mesure de dicter ses conditions aux anciens partis du pays et même au gouvernement. Il n'en a rien été. Cette réunion de prêtres, ou du moins la très grande majorité de ses membres, a montré beaucoup de bon sens et un judicieux esprit de conservation personnelle, de sorte que le résultat des délibérations a été de déterminer le Concile, à la suite d'un brillant discours prononcé par le comte Otani, le plus haut prélat des Hongwan-Ji, c'est-à-dire de la grande secte Shin, à interdire aux prélats bouddhistes, quels qu'ils fussent, toute ingérence dans la politique, à se prononcer en faveur de l'égalité complète de toutes les religions et confessions devant la loi, et à écarter une proposition présentée par la minorité des sectes Schingon, Rinzaï et Soto, qui ne tendait à rien moins qu'à la reconnaissance du bouddhisme comme religion d'État du Japon. Le comte Otani, qui est un des prélats les plus éclairés et les plus influents du pays, fit remarquer, dans son discours, qu'une pareille résolution serait contraire à la Constitution, qui garantit, non seulement au bouddhisme, mais aussi au christianisme, comme à toutes les autres religions, une égalité complète de traitement, et c'est lui qui fit voter la résolution interdisant aux prêtres toute immixtion dans la politique. »

que dans celui de l'instruction publique. Grâce aux écoles privées et aux écoles annexées aux temples, qui existaient depuis plusieurs siècles déjà, grâce aussi à quelques établissements publics d'enseignement supérieur, l'instruction du peuple était généralement arrivée à un haut degré de développement. Malgré les difficultés que présentait l'emploi des caractères chinois, dont le Japonais instruit se servait concurremment avec sa propre écriture syllabique, l'art de lire et d'écrire était plus répandu, au Japon, du moins parmi la population masculine, qu'il ne l'était, en Europe, à la même époque. La haute littérature, il est vrai, n'était guère cultivée que dans la classe des Samouraï; mais les femmes elles-mêmes, dans les classes supérieures, s'adonnaient à la poésie et possédaient une littérature propre, représentée par des œuvres d'imagination. Par malheur, l'instruction du peuple lui était intégralement donnée d'après la méthode chinoise, et les classiques de la Chine, en pénétrant au Japon, y introduisaient jusqu'aux défauts de la civilisation de ce pays, notamment l'estime exagérée pour la philosophie chinoise, opposée aux idées progressistes de l'Occident. Toutefois, les sciences européennes n'étaient pas complètement bannies, et c'est un grand mérite pour les médecins japonais d'avoir, dès le milieu du dix-septième siècle, par l'étude qu'ils ont faite de la langue hollandaise, ouvert une source grâce à laquelle les sciences européennes ont pu s'infiltrer dans leur pays ; c'est uniquement à cette circonstance que le Japon doit de n'être pas tombé dans le même bourbier intellectuel que la Chine.

Indépendamment de la médecine et de la chirurgie, ce furent principalement les sciences naturelles, la géologie, les mathématiques, l'astronomie et même, aux derniers temps du Shogounat, les sciences militaires européennes, qui furent cultivées à Nagasaki, grâce à l'intervention des médecins de la factorerie hollandaise (des Allemands, pour la plupart, comme Ph. Fr. de Siebold); dès 1857, il fut fondé, à Yédo, une sorte d'Institut pour l'étude des sciences étrangères, où l'on enseigna d'abord le hollandais, puis, successivement, l'anglais, le français, et même l'allemand et le russe. Cette

haute École eut le très grand mérite de préparer un diction-
naire anglo-japonais ; en 1858, on lui annexa la première
École de médecine européenne qui ait été établie au Japon.
Après la restauration de la monarchie, les premières tentatives faites pour donner de l'unité à l'instruction publique
doivent être attribuées à l'influence de professeurs anglais et
américains. Le premier établissement créé fut l' « Imperial
College of Engineering », qui prospérait déjà en 1875. La
fondation de cette École polytechnique fut due à une inspi-
ration singulièrement heureuse du Gouvernement japonais, et
elle eut pour but d'instituer, au moment où les chemins de
fer et les télégraphes étaient importés au Japon, un établissement propre à préparer, dans le pays même, le personnel
technique nécessaire pour assurer le fonctionnement de ces
deux services. Cette institution a donné des résultats excel-
lents. Le Japon tout entier est maintenant couvert d'un
réseau de chemins de fer, au développement duquel on tra-
vaille d'une manière continue (1). Au mois de juin 1871, le
Ministère de l'Instruction publique fut réorganisé, et son
champ d'action étendu à tout l'Empire. On fit également des
démarches pour introduire l'instruction obligatoire, et les
communes furent invitées à fonder des écoles. La plupart
des maisons d'école furent construites dans le style européen. L'État, de son côté, créa des écoles normales et des
séminaires pour la formation des instituteurs ; on commença
à s'engager dans cette voie dès 1870, et, en 1884, on comptait déjà 29.233 écoles primaires, dont 28.701 écoles publiques, avec un ensemble de 97.313 maîtres, de 2.219.375
écoliers du sexe masculin, et 1.013.851 du sexe féminin. Les

(1) Le progrès matériel marche à pas de géants au Japon. Comme preuve, nous
ferons remarquer qu'à la fin de février 1899, la longueur totale des lignes de chemins
de fer en exploitation était de 3.300 milles anglais, soit 6.220 kilomètres. On a dépensé
pour leur construction plus de 230 millions de yens, et l'on prévoit, pour la conti-
nuation des travaux de construction du réseau, une dépense totale de 80 millions de
yens, répartie sur les vingt années qui vont suivre. Les recettes des chemins de fer
(ceux-ci occupent plus de quarante-trois mille personnes) se sont élevées, en 1898,
à 27 millions et demi de yens, et les bénéfices nets ont été de 15.800.000 yens.
L'importance considérable que le Japon attache à l'extension de son réseau
ressort clairement de l'examen de son budget, où les dépenses prévues pour cet objet
viennent immédiatement après celles de l'armée et de la marine.

écoles moyennes (établissements d'enseignement secondaire) ont été créées par les Administrations de district (département). Les dépenses totales pour le service des écoles se sont élevées à 10.832.393 yens (1), en 1883, et à 7.461.898 yens, en 1887. Le fonds scolaire a été évalué, pour l'année 1883, à un capital de 23.573.000 yens.

L'enseignement supérieur est donné dans les écoles de l'État. Au sommet de cet enseignement se trouvent l'Université de Tokyo et une autre Université en formation à Kyoto (2). Il existe, en outre, un certain nombre d'autres établissements, qui sont les suivants : l'École normale supérieure, six écoles moyennes supérieures (lycées), l'École supérieure du commerce, l'École supérieure des jeunes filles, l'École de musique, l'Institut des sourds-muets et l'École des beaux-arts, pour laquelle, pendant un certain temps, des professeurs italiens ont été engagés.

Il existe encore des écoles spéciales, qui sont : l'Académie d'agriculture, l'École des postes et télégraphes, dix établissements d'enseignement dépendant du Ministère de la Guerre et quatre dépendant du Ministère de la Marine ; enfin, deux écoles de la noblesse, l'une pour les jeunes gens, l'autre pour les jeunes filles.

Les crédits affectés au Ministère de l'Instruction publique s'élevaient en 1887-1888, à 1.118.000 yens, et ils ont été inscrits au budget général, en 1889-1890, pour une somme de 1.048.000 yens (3).

(1) Le yen valait, à cette époque, environ 3 marks 75 ou 4 fr. 70.

(2) Dès le mois de septembre 1897, on ouvrit, à Kyoto, une Faculté technique (Kôka) et une Faculté physique (Rika). On ouvrira, en 1900, la Faculté de droit (Hôka), et en 1901, celle de médecine (Ika). Quant à l'organisation de la Faculté des lettres (philosophie) (Bunka) et de celle d'agriculture (Aôka), les dispositions définitives n'ont pas encore été prises à leur égard.

(3) D'après un rapport officiel du Ministère de l'Instruction publique japonais, le nombre des écoles publiques de l'Etat s'est élevé, de 23.573 en 1893, à 26.776 en 1897, c'est-à-dire que 3.203 écoles nouvelles ont été fondées dans l'espace de quatre ans. Durant cette même période, le nombre des maîtres et instituteurs a passé de 62.850 à 82.545, c'est-à-dire qu'il s'est accru de 19.695, tandis que le nombre des élèves montait de 3.316.200 à 4.016.003, soit une augmentation de 699.803 en quatre années. En 1897, on était parvenu à donner l'instruction, dans les écoles de l'Etat, à 81 pour 100 des garçons et à 51 pour 100 des filles du pays. Les dépenses afférentes à ce service se sont élevées, en 1897, à 18.669.049 yens, sur lesquels une somme de 12.545.243 yens a été couverte à l'aide de contributions scolaires spéciales et le sur-

Il est à peine besoin d'ajouter que la nouvelle organisation de l'enseignement public, malgré toutes ses défectuosités, défectuosités inévitables au début, a été un moyen efficace pour opérer, dans un délai relativement court, la transformation du Japon suivant les vues progressistes du Gouvernement, et que le Ministère de l'Instruction publique a contribué, dans la plus large mesure, concurremment avec le service militaire obligatoire, à faire du Japon un État homogène et unifié.

Il serait trop long de traiter la question à fond, en entrant dans tous les détails du système d'éducation adopté au Japon ; il convient, cependant, de faire remarquer qu'il diffère de toutes les entreprises du même genre tentées en Orient, en ce que l'on s'est très sérieusement préoccupé d'assurer l'instruction publique du sexe féminin, instruction pour laquelle l'Impératrice a montré un grand intérêt. Quelques dispositions concernant l'organisation de l'Université de Tokyo

plus, au moyen du revenu foncier des écoles. Toutefois, ces sommes ne comprennent pas les dépenses faites pour les Universités et les autres Ecoles supérieures. Un crédit de 1.522.909 yens est affecté à l'entretien des deux Universités nationales, des deux Ecoles normales supérieures, des six Ecoles supérieures, des cinq Ecoles techniques, de l'Institut des aveugles et de celui des sourds-muets, de l'Ecole normale technique d'instituteurs et de la Bibliothèque nationale. Mais ces Ecoles de l'Etat ne représentent pas tous les établissements d'enseignement du pays. A côté d'elles, il existait encore, en 1893, 2.021 écoles privées, réduites à 1.677, en 1897, par suite de l'accroissement rapide du nombre des écoles publiques. Malgré cette diminution, le nombre de leurs élèves s'était pourtant élevé de 139.595 en 1893, à 182.714 en 1897. Il convient donc d'ajouter ces chiffres à ceux qui ont été rapportés ci-dessus, si l'on veut connaître exactement le pour 100 de tous les enfants qui fréquentent l'école, au Japon.

Nous relevons, en outre, dans des documents publiés récemment par le Gouvernement japonais, les données statistiques suivantes :

	Au 31 décembre 1897.	Au 31 décembre 1898.	Augmentation.
Ecoles.....................	28.427	28.476	0,17 pour 100
Instituteurs et professeurs	84.974	85.934	4,07 —
Elèves......................	4.038.827	4.176.577	3,04 —

Ces chiffres comprennent toutes les écoles publiques et privées de garçons et de filles, les écoles élémentaires et supérieures, et même l'Université. A la fin de 1898, on comptait 2.390.000 enfants ne fréquentant pas l'école. Cependant, on constate une légère amélioration ; le nombre des enfants ne fréquentant pas l'école, qui était de 35,78 pour 100 en 1897, n'était plus, en 1898, que de 33,95 pour 100. A la fin de 1898, 19,33 pour 100 des garçons et 49,14 pour 100 des filles s'abstenaient de suivre l'école ; on doit en conclure que, pendant de nombreuses années encore, la moitié des filles environ ne recevront pas l'enseignement scolaire ; mais il ne s'ensuit pas que ces jeunes filles restent sans instruction, car la plupart d'entre elles sont instruites dans leur famille.

pourront aussi paraître intéressantes. Nous allons les résumer, d'après un ancien programme d'études, celui de 1882-1883.

L'Université comprenait, à cette époque, une section de médecine, une section de droit, une section des sciences et une section des lettres. La section des sciences se subdivisait en sous-sections de mathématiques, de chimie, d'histoire naturelle, d'astronomie, de technologie, de géologie et de métallurgie. La section des lettres comprenait les subdivisions de philosophie, d'économie politique, de politique et de littérature japonaise, chinoise, anglaise et allemande. Dans la section du droit, l'enseignement portait sur les matières suivantes : l'encyclopédie du droit, le droit japonais ancien et moderne, le droit anglais, le droit français, le droit romain, le droit des gens, la science générale du droit et la philosophie du droit. Si nous ajoutons que les livres servant de base aux études étaient choisis parmi les meilleurs ouvrages européens et américains, on aura sous les yeux un tableau assez complet de l'ensemble de l'enseignement (1).

Un certain nombre d'Européens et d'Américains furent engagés, soit comme professeurs dans l'Université et dans les écoles, soit comme conseillers dans les différents Ministères (2). En 1887, on comptait au service du Japon 81 professeurs étrangers (3), dont 19 Allemands, 56 ingénieurs, dont 13 Allemands, et 52 fonctionnaires de l'ordre administratif, dont 9 Allemands. Il y a lieu de mentionner, comme un fait curieux, qu'à l'École de médecine, les médecins allemands faisaient leurs cours exclusivement en allemand et que les étudiants

(1) Dans la branche du droit des gens, par exemple, les ouvrages imposés aux étudiants étaient les suivants : Wheaton, *International law;* Wharton, *Conflict of laws;* Bluntschli, *Droit international codifié;* de Martens, *Précis du droit des gens moderne de l'Europe;* Fœlix, *Traité du droit international privé;* Vattel, *Droit des gens,* etc.

(2) C'est ainsi, par exemple, que deux Allemands de grand mérite, MM. les professeurs de médecine, docteur Scriba, et docteur Baelz, ont été maintenus en fonctions jusqu'ici. Un des professeurs les plus distingués de l'Université de Genève, M. Louis Bridel, vient également d'être attaché à la Faculté de droit de l'Université de Tokyo.

(3) Il convient de rappeler ici que ce fut une mission militaire française qui, après 1871, présida à la réorganisation de l'armée japonaise. Ce sont aussi des ingénieurs français qui ont créé l'arsenal de la marine, avec ses magnifiques docks et ses chantiers, à Yokoska; de cet arsenal sont sortis les premiers navires de guerre du Japon, construits sous la direction et la surveillance de chefs constructeurs français.

ayant appris les langues étrangères dans leurs écoles nationales étaient en état de suivre les cours avec une compré-
hension suffisante de la langue employée. Toutefois, à mesure
que le besoin d'auxiliaires et de professeurs étrangers se faisait
moins sentir, par suite de l'accroissement du nombre des
professeurs indigènes formés, pour la plupart, en Europe, le
chiffre des étrangers au service du Japon se réduisait de plus
en plus ; dans certaines branches cependant, notamment
pour l'enseignement de la médecine, on a conservé les professeurs européens.

La question religieuse et celle de l'éducation populaire sont
liées entre elles par une étroite connexité. Nous avons signalé
plus haut (p. 3) la différence qui existe entre l'état politique
du Japon et celui des pays orientaux où il a pour base les
principes de la religion musulmane. Bien que le droit ne
dérivât pas, au Japon, comme dans ces pays, des conceptions
religieuses, et que, par suite, une réforme, dans son domaine,
ne fût pas difficile à accomplir, néanmoins il ne faut pas
oublier que c'est au culte des aïeux que la monarchie doit sa
solidité inébranlable, et que l'Empereur est, d'après la croyance
populaire, un descendant de la Déesse du Soleil. Le vénérer et
lui obéir est le commandement principal du shintoïsme, la
religion primitive du pays. Les idées religieuses constituent
donc, à cet égard, la base fondamentale du principe monarchique. Dans la lutte entre le bouddhisme et le shintoïsme,
cette dernière religion triompha de la première, introduite
vers l'an 552 après Jésus-Christ et importée de Corée, en ce sens
qu'elle l'obligea à se plier au culte des aïeux. Pendant les
quatre premiers siècles qui suivirent son introduction, le
bouddhisme ne fit que des progrès insignifiants, et ce ne fut
guère qu'à partir de la fin du sixième siècle, plus spécialement à partir du commencement du neuvième, qu'il
parvint à prendre pied d'une façon solide, tandis que l'on
faisait croire faussement au peuple que les anciennes divinités
shintoïstes venaient de renaître, au Japon, sous les formes
bouddhistes. Peu à peu, les deux croyances s'amalgamèrent.
Cependant, le culte shintoïste pur continua à se maintenir ;

l'Empereur en demeura le *pontifex maximus*. Les missions chrétiennes, fondées par un homme de haute valeur, François Xavier, pénétrèrent au Japon vers le milieu du seizième siècle et obtinrent, au début, un succès extraordinaire. Des chroniqueurs dignes de foi rapportent qu'il se trouvait plus de 150.000 chrétiens ayant reçu le baptême, avec 200 églises. Des envoyés des grands vassaux du Shogoun firent le pèlerinage de Rome, et nombre de Daïmios avaient déjà embrassé le christianisme. Le Pape avait nommé un évêque pour le Japon et la conversion de tout l'Empire au christianisme paraissait assurée, quand l'orage se déchaîna subitement sur l'Église chrétienne. On a cherché la cause de ces événements dans la défiance qu'inspirait aux dictateurs militaires japonais la puissance de l'Espagne ; on a également accusé les représentants des États protestants, notamment les Hollandais, d'avoir calomnié, dans l'intérêt de leur commerce, aussi bien les Espagnols que les Portugais, et d'avoir ainsi donné la première impulsion à la persécution dirigée contre les chrétiens. Il est difficile de nier l'influence néfaste qui s'est exercée en ce sens, bien que les détenteurs du pouvoir, au Japon, eussent été plutôt déterminés par des motifs de politique intérieure, ce qui fut le cas, notamment, du Shogoun Iyeyasou, alors qu'il cherchait à s'emparer du pouvoir suprême. D'ailleurs, pendant les guerres civiles, beaucoup de chrétiens se rangèrent du côté de l'adversaire de ce Shogoun, Hidéyori, et périrent avec lui, après la chute d'Osaka. Durant ces troubles intérieurs, la puissance du Shogounat grandit de plus en plus et l'autorité impériale légitime finit par être réduite à n'être plus qu'une ombre de royauté. Les Shogouns, à partir de Hideyoshi, firent du bouddhisme, en quelque sorte, une religion d'État, par opposition au shintoïsme, et les prêtres bouddhistes, infidèles aux traditions de tolérance de leur religion, prirent une part active à la destruction du christianisme. En 1639, la besogne sanglante était terminée et toutes les communautés chrétiennes détruites. Pendant le quart de siècle qui suivit, l'Empire se trouva, au point de vue matériel et intellectuel, séparé du reste du monde et comme enseveli dans un profond sommeil, durant lequel le bouddhisme atteignit le plus haut degré de sa prospérité. Que cette préférence accordée au bouddhisme ait eu aussi pour but de miner le prestige de l'Empereur, appuyé sur le shintoïsme, c'est ce qui se devine sans peine; c'est aussi ce qui ne tarda pas à faire perdre à cette religion, après la restauration du Gouvernement monarchique, en 1868, la situation privilégiée qui lui avait été faite, du temps du Shogounat. La sécularisation des biens des temples et la suppression des revenus que ce culte tirait auparavant de l'État portèrent le coup mortel au bouddhisme, dont l'influence avait été sapée déjà, précédemment, par la philosophie athée de Confucius. Les temples tombèrent en ruine, les objets d'art religieux qu'ils contenaient furent vendus à l'étranger, et les prêtres bouddhistes se virent plongés dans une profonde misère. La suppression du célibat, décrétée peu après, ne pouvait pas leur offrir une compensation suffisante, en échange de la situation privilégiée qu'ils avaient perdue; cette mesure, toutefois, contribua incontestablement à relever le niveau de la morale publique. Le shintoïsme victorieux prit alors possession des positions abandonnées par le bouddhisme et tenta, au moyen d'une réforme, de s'élever, sur le terrain du dogme, à la hauteur d'une religion populaire, ce à quoi il ne réussit qu'en partie. Nous avons fait remarquer plus haut que, dès les premières années qui suivirent l'avènement du nouveau Gouvernement, on laissa tomber en désuétude les édits portés contre les chrétiens et que, plus tard, ces édits furent rapportés dans leur intégralité. En dernier lieu, on parvint à faire reconnaître la liberté de conscience, dont le principe fut formellement inscrit dans la Constitution.

Un des problèmes les plus ardus que le pouvoir impérial eut à résoudre, lorsqu'il prit les rênes du Gouvernement, consistait dans la réforme de l'organisation judiciaire et dans la codification des lois. On peut se figurer un état de choses à peu près semblable à celui qui existait, au moyen âge, en Europe, et songer au brusque saut à faire pour atteindre le dix-neuvième siècle, avec son système juridique, fruit d'une civilisation avancée. Originairement, le droit et l'organisation judiciaire étaient calqués sur les modèles chinois. La loi pénale était indubitablement copiée sur les célèbres lois de la Dynastie T'ang, avec cette seule différence que la graduation des peines, au lieu d'être établie, d'après le nombre de coups de bambou, l'était, suivant le système japonais, d'après la durée de l'emprisonnement. Le droit civil était également édifié, dans ses parties essentielles, conformément aux principes juridiques chinois; car (il ne faut pas l'oublier) la civilisation japonaise était le résultat de l'importation des principes moraux et sociaux de la Chine sur le sol du Japon, peu cultivé, auparavant. Le système féodal avait, en outre, par la constitution de classes privilégiées, avec leur esprit de caste, réduit les classes inférieures du peuple à un état de dépendance qui ressemblait beaucoup, pour les populations rurales, à la situation des paysans allemands du moyen âge. On distinguait trois classes dans la nation : 1° celle des Samouraï (noblesse) ; 2° celle des Chônin (bourgeoisie) ; 3° celle des Hyakoushô (paysans). Les deux dernières classes ne possédaient pour ainsi dire pas de droits politiques. D'ailleurs, le droit en vigueur manquait d'unité, par suite de la division du territoire en domaines féodaux et bien que le Code du Shôgoun, en général, fût censé être en vigueur chez ses vassaux. Chaque petit seigneur gouvernait ses sujets avec une rigueur implacable, pour ne pas dire avec cruauté, et tout appel à la Cour de Yédo était puni comme une insubordination, sinon comme une rébellion. La philosophie chinoise de Confucius, avec sa théorie des devoirs moraux, jouait également un grand rôle, au point de vue de la conception du droit, et, comme il n'existait pas de distinction bien nette entre le droit civil et le droit pénal, il n'était pas rare de voir un débiteur tomber sous le coup de la loi criminelle pour avoir refusé de payer sa dette, conformément au principe d'après lequel celui qui ne paye pas ses dettes n'est guère plus estimable qu'un voleur! Une seconde anomalie consistait dans l'absence de séparation entre l'autorité administrative et l'autorité judiciaire. Les hauts fonctionnaires du Shogoun et des princes étaient, en même temps, juges supérieurs, et, comme l'instruction des délits et la préparation des jugements étaient abandonnées, d'ordinaire, aux fonctionnaires subalternes, la corruption, au temps du Shogounat, trouvait fréquemment l'occasion de s'exercer. D'ailleurs, on ne se bornait pas à poursuivre l'instruction et les débats en audience secrète; on tenait également secrets les recueils de lois eux-mêmes! Ainsi, la célèbre collection dite des cent lois (recueil de lois pénales, de lois relatives à la procédure pénale, de lois civiles et de dispositions concernant la procédure civile) contenait une note préliminaire indiquant que l'usage de ce manuscrit était exclusivement réservé aux fonctionnaires officiellement commis à cet effet. La raison du mystère dont on entourait cette collection se trouvait dans un principe chinois, d'après lequel on supposait que le criminel, sachant d'avance que tel acte délictueux devait entraîner seulement l'application d'une peine déterminée, devait être disposé à se risquer beaucoup plus facilement à le commettre que s'il avait à redouter un châtiment de lui inconnu, et, peut-être même, la peine de mort. On voit par là que le système d'intimidation était poussé jusqu'à une véritable terrorisation. Une disposition introduite, sans doute, à l'origine, dans un but humanitaire, aux termes de laquelle l'exécution de la peine ne pouvait avoir lieu qu'après l'aveu du condamné, eut fréquemment pour résultat de conduire à l'application de la torture et à l'emprisonnement préventif perpétuel de l'inculpé. Bien entendu, il y eut des juges qui, par un sentiment d'humanité, usèrent de la torture aussi rarement que possible, et les noms d'un grand nombre d'entre eux ont été transmis à la postérité; mais il est incontestable que, parfois, des actes épouvantables de cruauté ont été commis. Toutes les peines étaient calculées de manière à inspirer la terreur, bien qu'en réalité elles fussent souvent moins atroces que leur apparence extérieure ne pouvait le faire supposer. La peine de mort simple était exécutée par la décapitation; le supplice de la croix consistait à lier à une croix l'individu condamné à cette peine et à le percer de deux coups de lance portés simultanément dans la poitrine. Le supplice du feu était, à la vérité, subi sur un bûcher ; mais, avant d'allumer le bois le composant, le condamné était étranglé en secret. Une autre peine en apparence effroyable, le sciage de la tête à l'aide d'une scie en bambou, consistait, d'après les prescriptions secrètes, dans la décapitation du condamné et dans l'exposition d'une scie de bambou trempée dans son sang, à côté du cadavre.

La longue période de paix de plus de deux cent cinquante ans, dont le Japon avait joui, avait, d'ailleurs, tellement affiné et adouci les mœurs que, dès le commencement de ce siècle, comme nous l'avons dit, les peines barbares n'étaient plus en usage, sinon en apparence, et que l'opinion publique ne répugnait aucunement à une réforme du droit pénal. Deux ans à peine après la restauration, on créa le Ministère de la Justice ; le Ministre d'alors, Yeto Shimpei, introduisit une nouvelle loi pénale qui ne contenait plus aucune peine de mort aggravée et qui supprimait la torture. Il fit appel à des jurisconsultes européens, et on lui prête même l'intention d'avoir voulu faire adopter le Code Napoléon comme loi civile du Japon. Peu de temps après, un juriste français, M. Boissonade, fut engagé. Il ne devait pas seulement enseigner le droit romain et le droit français dans une École de droit établie au Ministère de la Justice, mais il devait encore préparer des projets de lois civiles et pénales. En même temps, des cours portant sur différentes branches du droit furent professés par des juristes anglais et américains, à l'Université impériale, récemment fondée. Plus tard, les étudiants furent envoyés en Amérique, en Angleterre et en France, pour y compléter leurs études ; ils rentrèrent ensuite dans leur pays pour participer à la confection des lois et, en qualité de juges, à l'application de la nouvelle législation. De 1870 à 1878, ces travaux furent poursuivis avec une grande énergie ; un nouveau Code pénal et un Code de procédure pénale furent mis en vigueur, conformes, tous deux, aux projets de M. Boissonade. La loi

pénale est, dans son ensemble, conçue d'après les idées
européennes modernes, et le Code de procédure pénale, avec
la publicité des débats, est copié sur le Code français. Le
Code pénal a été revisé, entre temps (1880). Le Code de procédure pénale a été également remanié avec le plus grand
soin, en 1882, et, finalement, en 1890. Dans l'intervalle, une
Commission siégeant au Ministère de la Justice avait préparé une nouvelle revision de la loi pénale, en s'inspirant
de l'expérience que la pratique avait fait acquérir, et
elle avait préparé un projet, qui fut soumis au Parlement
en 1897. Le projet revisé contient un certain nombre de dispositions conformes aux principes du droit pénal moderne,
qui, même en Europe, ne sont pas encore complètement
admises, telles que la division des actes punissables en deux
catégories (délits et contraventions), la réduction du nombre
des peines et l'abaissement de celles-ci, la protection particu-
lière des sujets étrangers, lorsqu'ils occupent une situation
officielle, l'admission des condamnations conditionnelles,
la détermination des conditions de la récidive et de la
tentative, etc.

Après qu'on eut procédé, dans un bref délai, comme il
était naturel de le faire, à la séparation de l'Administration
et de la Justice, on promulgua, après quelques tâtonnements,
le 2 février 1890, une loi sur l'organisation judiciaire rédigée
d'après les modèles européens, et, le 1er janvier 1891, un nouveau Code de procédure civile. L'organisation judiciaire dont
il s'agit a ses bases dans la Constitution, qui pose le principe
de l'indépendance de la magistrature (1).

Auparavant déjà, les premières tentatives faites en vue de
rendre plus humaine la législation pénale, conformément aux
principes christiano-européens, avaient rencontré l'appro-
bation des autorités scientifiques étrangères. C'est ainsi que
M. le professeur Berner (2), invité à donner son avis sur le
projet qui lui avait été soumis, s'était exprimé en ces termes :

(1) Cf. *Japanisches Rechtswesen*, d'après un rapport de M. le professeur Dʳ Tomii,
par M. Paul Brunn, docteur en droit, dans *Ost-Asien*, nᵒ du 5 août 1898.
(2) *Gerichtssaal*, t. XXXIII.

« Son système pénal (celui du Japon) est rationnellement
« construit, les traits caractéristiques des divers crimes sont
« tracés d'une manière simple et claire, les peines sont, en
« général, proportionnées et humaines, et l'on a, presque
« toujours, tenu compte des expériences faites dans le monde
« civilisé, ainsi que des progrès réalisés dans le domaine des
« connaissances européennes. »

Dans le Code de procédure pénale, rédigé sur le modèle du
Code d'instruction criminelle française, on a même essayé
d'atténuer les nombreuses dispositions trop rigoureuses de la
loi française, ainsi que le démontre M. le professeur Mayer, de
Vienne (1) ; ce Code consacre le principe de la libre appré-
ciation des preuves et a pour base la procédure orale et
directe. Le ministère public et le juge d'instruction sont
établis parallèlement et comme deux personnalités absolument
indépendantes l'une de l'autre. Il convient de faire remarquer,
en outre, que le principe de la publicité des débats est rigoureusement appliqué, contrairement aux anciennes formes de
la procédure japonaise. L'opinion de M. le professeur Mayer
sur le Code de procédure pénale japonais se résume dans
les lignes suivantes (2) :

« Somme toute, le Code de procédure pénale nous met en
« présence d'un document législatif dont nous ne voulons pas
« rechercher les qualités et les défauts, mais qui impose aux
« tribunaux japonais une tâche aussi belle que pleine de
« responsabilité. Car, pour que la procédure criminelle soit à
« même de remplir son but, qui est le rétablissement de
« l'ordre légal troublé, au moyen du châtiment du véritable
« coupable, il est nécessaire qu'un grand effort moral et ma-
« tériel soit fait par ce peuple énergique, et il est besoin aussi
« de juges et de tribunaux dotés d'une forte instruction et
« capables, dans leur ensemble, d'inspirer pleine confiance,
« afin d'habituer la population japonaise au fonctionnement
« d'une administration judiciaire bien organisée, de faciliter
« le passage, presque sans transition, d'un état juridique peu

(1) Goltdammer, *Archiv für Strafrecht*, t. XXX, fasc. I, 1882.
(2) *Ibid.*, p. 32.

« développé et sans codification à un état différent, d'adopter
« et de plier la loi elle-même aux besoins immédiats du pays, au
« delà desquels elle va certainement. Quant aux nations qui ont
« noué des relations actives avec le Japon, ce sera, assurément,
« pour elles une grande satisfaction de savoir que la poursuite
« et le jugement des actes délictueux sont régis par des dispo-
« sitions empruntées au droit européen, et, grâce à cette
« certitude, les rapports déjà intimes, d'ailleurs, avec cet
« Empire, dont le développement a été si extraordinaire,
« deviendront encore plus étroits et plus solides. »

Cette législation pénale, entrée en vigueur le 1er janvier
1882, a été revisée en 1890, et elle a reçu, à cette époque,
les améliorations que la pratique avait suggérées. D'après les
nouvelles publiées par les journaux, une Commission est
réunie, en ce moment, pour travailler à l'élaboration d'une
loi modificative, en vertu de laquelle les tribunaux auraient
la faculté d'ordonner la mise en liberté provisoire, sous caution,
des inculpés en état de détention préventive.

Le Japon possède actuellement une Cour suprême de
l'Empire (1), 7 cours régionales supérieures (2), 49 tribunaux
régionaux (3), 298 tribunaux inférieurs (4) et 1.201 tribunaux
détachés de ces derniers (5). Le nombre des magistrats est de
1.625, y compris les membres du Parquet. Parmi ces
magistrats, 200 sortent de la Faculté de droit de l'Université
ou de l'ancienne École de droit du Ministère de la Justice (6),
708 ont été nommés à la suite d'un examen et 146 ont été
pris dans le corps des avocats (7).

Mais le Japon n'avait pas seulement à se créer une magis-

(1) Correspondant à la Cour de cassation française.
(2) Correspondant aux Cours d'appel françaises.
(3) Correspondant aux tribunaux d'arrondissement français.
(4 et 5) Ces tribunaux correspondent aux tribunaux de paix français.
(6) Parmi les maîtres français qui ont donné l'enseignement dans cette Ecole, il convient de citer, d'abord, M. G. Boissonade, puis, M. Georges Appert. Ces deux éminents professeurs ont formé un grand nombre d'hommes de valeur qui, pour la plupart, occupent aujourd'hui des positions élevées dans l'État.
(7) Cf. Ost-Asien, 1re année, Japans Rechtswesen, p. 203, par le docteur Paul Brunn. — Voir également la communication faite à la Société de législation comparée, à la séance générale du 9 février 1898, par M. Masaaki Tomii, professeur de droit civil à l'Université de Tokyo (Bulletin de la Société de législation comparée, t. XXVII, p. 178). — On remarquera que, sur seize cent vingt-cinq magistrats, cinq

trature ; il lui fallait encore, en introduisant les formes de
la justice européenne, pourvoir à la constitution d'un bar-
reau. D'après la loi, on n'autorise à exercer, comme avocats,
que les juristes ayant subi un examen spécial. Une seule
exception est admise en faveur des étudiants sortis de l'Université ou de l'École de droit du Ministère de la Justice.

La rédaction d'un Code civil était un des travaux les plus
urgents que le Gouvernement japonais eût à mener à bien
avant de pouvoir procéder à la revision des traités qui le
liaient avec l'étranger. A chaque tentative qu'il faisait auprès
des puissances étrangères pour obtenir la renonciation à la
juridiction consulaire, on lui répondait : « Commencez par
codifier les lois nouvelles. » A partir de 1870, on travailla
dans ce but, et tous les Ministres de la Justice, notamment
Oki et Yamada, rendirent, à ce point de vue, de réels services. Le premier projet d'un Code civil, les chapitres relatifs aux personnes et au droit de succession exceptés, est
l'œuvre d'un Français, M. le professeur de droit Boissonade ;
le projet de Code de Commerce a été préparé par un juriste
allemand, M. le professeur Rœssler. Toutefois, le Code civil
fut soumis à une revision, qui a été confiée à une Commission présidée par le marquis Hiroboumi Itô, président du
Conseil des Ministres ; la Commission s'est prononcée pour
une refonte, qui a donné lieu à une nouvelle rédaction,
dont ont été chargés les jurisconsultes japonais Noboushigé
Hozoumi, Masaaki Tomii et Kenjirô Oumé (1).

Le nouveau Code civil de l'Empire d'Allemagne a servi
principalement de modèle pour ce travail, et les définitions
juridiques que contient le texte japonais sont, pour la
plupart, des traductions de termes allemands analogues.
Quand on songe à la peine que l'on éprouve à trouver dans
la langue allemande des mots équivalant aux expressions
latines que l'on a à traduire, on ne peut qu'avoir pitié du

---

cent soixante et onze seulement n'ont pas fait d'études juridiques; ces derniers, d'ailleurs, grâce à une longue pratique des affaires, sont, en général, très expérimentés.
(1) Le premier, barrister-at-law, et les deux autres, docteurs en droit de la Faculté
de Lyon.

malheureux traducteur japonais qui s'est trouvé dans l'obligation de reproduire en caractères chinois la traduction de
ces termes allemands. Une nouvelle difficulté s'est présentée,
lorsqu'il a fallu traduire le texte japonais en anglais et en allemand ; cette tâche est incombée à M. le docteur Lönholm,
conseiller au Tribunal de Tokyo, qui s'en est acquitté avec
un soin qu'on ne saurait trop louer (1).

Le nouveau Code élaboré par la Commission se divise en
cinq livres : 1° partie générale ; 2° droit des biens ; 3° droit
des obligations ; 4° droit de famille ; 5° droit relatif aux suc-
cessions. Les deux derniers livres ont présenté de grandes
difficultés de rédaction, en raison de ce qu'il fallait trancher
dans les droits familiaux traditionnels, qui sont en voie de
transformation. Les essais de conciliation entre le droit européen moderne et les traditions patriarcales de la vie de
famille japonaise, abstraction faite des idées vraiment singu-
lières qui sont professées à l'égard du mariage, étaient un pro-
blème dont l'avenir seul pourra apporter la solution intégrale.

Pour ces motifs, la nouvelle législation devait trouver un
accueil beaucoup plus favorable auprès des sujets étrangers
résidant au Japon qu'auprès des conservateurs japonais, qui,
d'ailleurs, à l'époque de la présentation du projet de M. Boissonade, s'étaient plaints que ce projet ne fût pas suffisamment
en harmonie avec la conception que le peuple japonais avait
du droit.

Le projet de Code de Commerce a été, lui aussi, soumis à une
Commission composée de jurisconsultes japonais, qui a adopté
une nouvelle rédaction, préparée notamment par MM. les professeurs K. Oumé, K. Okano, et par M. K. Tanabé, conseiller
au Ministère de la Justice. Nous possédons de ce texte une traduction anglaise, une traduction allemande et une traduction
française, toutes les trois dues à M. le docteur Lönholm (2).

(1) Les trois premiers livres du Code civil japonais, promulgués le 28 avril 1896,
ont été traduits en français par M. Motono et M. Tomii. Cette traduction, revue
par M. G. Appert, a été publiée à Paris (Code civil de l'Empire du Japon, livres I, II
et III, traduction par M. Motono et M. Tomii; 1 vol. gr. in-8°; Paris, L. Larose, 1898).
(2) M. Lönholm a publié, en 1898, le projet de Code de Commerce, sous le titre
suivant : Code de Commerce de l'Empire du Japon; projet voté à la Chambre des
pairs; traduction par M. L. Lönholm (1 vol. in-8°; Paris, Larose, 1898).

Les juristes allemands constateront avec satisfaction que le législateur japonais s'est également inspiré, pour la rédaction de ce document, du Code de Commerce allemand (1).

Une autre Commission, instituée près le Ministère de la Justice, est, depuis quelque temps déjà, chargée d'opérer une revision du Code de procédure civile, afin de le mettre en harmonie avec les deux Codes nouveaux. Une loi sur la juridiction gracieuse est également en préparation. Ainsi les travaux de législation et de codification seront entièrement terminés à l'époque où les tribunaux consulaires cesseront de fonctionner et où les étrangers commenceront à être soumis à la justice japonaise.

Pendant que nous présentions un exposé des réformes successivement introduites dans toutes les branches de l'administration japonaise, nous avons quelque peu perdu de vue les négociations diplomatiques, qui marchaient avec elles *pari passu*. Nous allons y revenir et en tracer un tableau succinct, dans la mesure où les documents publiés nous ont permis de jeter un coup d'œil sur leurs différentes phases.

Nous avons montré, au début de notre étude, que, grâce à l'habileté avec laquelle certains diplomates japonais, notamment l'ancien ambassadeur japonais, vicomte Shouzo Aoki, avaient su profiter des conjonctures favorables, le Gouvernement japonais avait réussi à gagner une avance considérable sur les autres États non chrétiens, et à obtenir des concessions, quant à l'exercice de ses prérogatives gouvernementales à l'égard des étrangers, principalement dans le domaine administratif. Une tentative, qu'on peut considérer comme un peu moins heureuse, aboutit à la convention conclue, le 25 juillet 1878, à Washington, entre le ministre du Japon aux États-Unis, Kiyonari Yoshida, et M. Evarts, secrétaire d'État de l'Extérieur (2).

Ce traité laissait la question de la juridiction consulaire dans le *statu quo ante*, et empirait même peut-être la situation

(1) Le Code de commerce japonais a été intégralement promulgué le 7 mars 1899.
(2) Traité ratifié à Washington, le 8 avril 1879.

par suite d'une disposition formelle insérée dans l'article 4, aux termes de laquelle le jugement, en matière de délits de douane, était réservé aux tribunaux américains, avec cette seule restriction que les amendes et confiscations devaient être acquises au Gouvernement japonais.

Une concession avantageuse pour le Japon était contenue dans l'article 5, qui reconnaissait formellement au Gouvernement japonais le droit de prendre des mesures relativement au cabotage; en outre, l'article 1er avait également proclamé l'autonomie douanière de ce pays. En revanche, le Gouvernement japonais avait pris, dans l'article 3, l'engagement de ne pas frapper de droits de sortie les produits japonais exportés en Amérique.

Pris dans leur ensemble, les résultats obtenus, grâce à cette convention, qui fit, en son temps, grande sensation dans les cercles diplomatiques, pouvaient tout au plus être considérés comme constituant un succès d'estime. D'une façon générale, on ne pouvait même pas espérer en tirer un avantage réel, car il était nettement stipulé, dans l'article 10, que la convention n'entrerait en vigueur qu'à l'époque où le Japon aurait obtenu de toutes les autres puissances ayant contracté avec lui, une revision analogue et dans le même sens des traités existants (1).

Comme, à ce moment, les puissances n'étaient nullement disposées à faire les concessions en question, la convention dite : traité de Yoshida, est restée à l'état de lettre morte.

C'est en 1882 seulement que le Gouvernement japonais réussit à ouvrir une brèche dans le boulevard qui protégeait la clause d'exterritorialité. Après de longs pourparlers préliminaires, une Conférence, à laquelle prirent part les délégués de toutes les puissances liées avec lui par des conventions internationales, se réunit, en janvier 1882, à Tokyo, à l'effet de jeter les bases d'une entente au sujet des modifications à introduire dans les traités existants.

(1) The present Convention shall take effect when Japan shall have concluded such conventions or revisions of existing treaties with all other treaty powers holding relations with Japan as shall be similar in effect to the present Convention, and such new conventions or revision shall also go into effect.

L'Allemagne était représentée par son ministre, M. d'Eisendecher et par son consul général à Yokohama, M. Zappe; l'Angleterre, par son représentant, depuis long-temps accrédité près la Cour japonaise, Sir Harry Parkes. La divergence de vues qui existait entre ces deux États et qui provenait de ce que les Allemands avaient une ten-dance plus marquée à faire bon accueil aux revendications japonaises, tandis que les Anglais penchaient à maintenir rigoureusement, tel qu'il était, l'état de choses existant, se manifesta de plus en plus clairement, au cours des négo-ciations. Le Japon était représenté dans cette importante conférence par un de ses hommes d'État les plus éclairés, Kaorou Inouyé, ministre des Affaires étrangères, qui sut, à tous les points de vue, tirer parti de la situation. Le pléni-potentiaire japonais comprit immédiatement que le seul moyen, pour son pays, d'obtenir des Gouvernements étran-gers la reconnaissance de ses prétentions, était de rompre radicalement avec son ancien système d'isolement, d'adopter le principe, universellement admis par les États européens dans leurs rapports entre eux, de l'égalité de traitement des étrangers et des nationaux, au point de vue du commerce et des échanges, et de donner ce principe pour base à ses propositions. Justement, les grands États commerçants, tels que l'Angleterre et l'Amérique, se trouvaient, par suite de l'offre séduisante qui leur était faite d'ouvrir l'intérieur du pays et d'admettre les étrangers à se livrer à toutes les opé-rations et entreprises autorisées par la loi, dans l'obligation morale de reconnaître l'égalité du Japon dans le domaine du droit public, s'ils ne voulaient se mettre en conflit avec leur propre représentation nationale, qui attribuait la plus grande importance à l'ouverture de nouveaux débouchés à leurs produits.

Le 5 avril 1882, un projet rédigé dans cet esprit fut pré-senté par le président Inouyé à la Conférence; cet homme d'État proposait, dans le projet en question, d'abolir la juri-diction consulaire fonctionnant à cette époque; il offrait, en échange, d'ouvrir l'Empire entier au trafic international

et de placer les étrangers sur le même pied que les nationaux pour tout ce qui concernait la pratique du commerce
et l'exercice des différentes industriés.

Ces ouvertures furent accueillies avec la plus grande faveur
par le représentant de l'Allemagne, et la plupart des
représentants des autres gouvernements, à l'exception du
délégué de l'Angleterre, se déclarèrent partisans d'un projet
qu'ils regardaient comme plein de promesses pour l'avenir.

Effectivement, le gouvernement japonais offrait spontanément, précisément la seule chose qui pût rendre possible le
développement du commerce et la mise en valeur des importantes ressources du pays à l'aide des capitaux européens.

En admettant les étrangers dans l'intérieur de l'Empire
et en leur accordant la permission d'y fonder des entreprises
industrielles, on brisait les barrières que certaines dispositions restrictives, alors encore en vigueur (telles que la
défense faite aux étrangers de voyager dans l'intérieur du
pays, dans un but commercial), avaient élevées entre le
négociant étranger et les consommateurs ou producteurs
japonais. D'ailleurs, d'après le projet japonais, on ne récla-
mait pas l'extension immédiate aux étrangers de la compétence des juridictions nationales, mais on proposait d'instituer une période de transition de cinq années, pendant
laquelle la juridiction des tribunaux consulaires aurait été
partiellement maintenue, de manière que la substitution
des tribunaux japonais à ces derniers s'opérât graduellement. Durant cette période de transition, les étrangers ne
devaient être admis à exercer, dans l'intérieur du pays,
qu'une partie des droits qui leur étaient conférés pour une
époque ultérieure. En outre, par une concession spéciale,
faite pour la période définitive, on garantissait qu'un nombre
suffisant de juristes étrangers seraient attachés, en qualité
de juges titulaires, aux tribunaux nationaux. On proposait
aussi toute une série de garanties propres à assurer, aussi
complètement que possible, aux sujets étrangers, une
justice régulière et impartiale.

La durée des nouveaux traités devait être fixée à douze

années, tandis que les tarifs douaniers et les règlements à adopter, en même temps, pouvaient être soumis à une revision, après une période de huit ans.

La perspective d'accorder au Japon ce droit de dénonciation, qui ne figurait pas dans les traités antérieurs et qui, d'ordinaire, n'est jamais concédé par les puissances européennes aux nations non chrétiennes, provoqua des hésitations de la part d'un certain nombre de délégués. Le représentant du Japon pouvait cependant faire observer, à juste titre, que son pays était en droit de revendiquer cette faculté, comme dérivant pour lui des règles du droit international, puisque les résultats qu'il avait atteints sur le terrain des réformes, et les projets émanés de sa propre initiative concernant l'admission des étrangers dans des conditions conformes aux dispositions générales adoptées, dans leurs rapports entre eux, par les États civilisés, avaient démontré que son intention bien arrêtée était de rompre avec le vieux système de l'isolement oriental pour se soumettre, à l'avenir, aux principes généraux du droit des gens.

Somme toute, cette Conférence, qui poursuivit ses travaux jusqu'au 27 juillet 1882, s'est séparée sans avoir abouti à aucun résultat tangible; cependant elle a incontestablement posé les bases d'après lesquelles on devait négocier, dans l'avenir, la revision des traités. Ses volumineux procès-verbaux furent, dans l'intervalle, adressés aux Gouvernements intéressés, qui, provisoirement, se bornèrent à les classer. On se demandait aussi, dans les cercles politiques japonais, si l'ouverture aux étrangers du territoire entier de l'Empire n'était pas prématurée, et quelques objections, qui n'étaient pas absolument dénuées de fondement, étaient faites, en particulier, contre l'admission de juristes étrangers, en qualité de juges, dans les tribunaux du pays. L'analogie avec l'ordre de choses établi en Égypte et, notamment, avec l'organisation dite des tribunaux mixtes, fut relevée par les adversaires de l'arrangement, qui s'appuyèrent sur cette analogie pour démontrer que la reconnaissance purement nominale des droits de souveraineté du Japon était rendue

illusoire, grâce à la concession des différentes garanties
accordées aux puissances dans le domaine judiciaire, et que
le nouveau projet pouvait à peine être considéré comme
apportant une amélioration au régime existant; ces considérations firent grande impression sur l'opinion publique.

Alors même que les objections soulevées par le parti
adverse eussent été fondées dans une certaine mesure, du
moins pour la période antérieure à l'expiration des traités,
lesquels contenaient désormais la clause de dénonciation, il
ne fallait pas oublier qu'à la fin des douze années pour
lesquelles les nouveaux traités devaient être conclus, le Japon
eût eu, de toute façon, les mains libres, et qu'il eût pu, selon
toute vraisemblance, dès 1894, obtenir tout naturellement
un traitement conforme aux principes généraux du droit des
gens. On doit, du reste, reconnaître, avec les critiques étrangers, qu'à coup sûr la préparation législative et notamment la codification des lois n'étaient pas encore suffisamment avancées pour que les puissances pussent abandonner,
en toute sécurité, leurs sujets à la justice japonaise, comme
cela est devenu possible dans l'intervalle.

L'opposition de Sir Harry Parkes était fondée sur les
craintes qui viennent d'être signalées et aussi sur la méfiance,
infiniment moins justifiée, des sujets anglais, très nombreux
au Japon, qui supposaient que leur subordination à l'administration japonaise devait avoir pour conséquence l'établissement d'un ordre de choses intolérable pour eux. En outre,
des considérations politiques et le désir de ménager la
Chine, qui, à ce moment encore, passait pour une puissance
qui n'était pas à dédaigner (1), peut-être aussi la crainte que
la soumission de sujets anglais à la souveraineté d'une puissance asiatique ne fît une impression fâcheuse aux Indes,
eurent pour effet de déterminer le Gouvernement britannique
à garder, cette fois encore, une attitude défavorable.

La position inattaquable qu'avait prise le Ministre japonais
des Affaires étrangères, et la déclaration très nette qu'il avait

(1) Les événements auxquels nous assistons actuellement prouvent qu'aujour-
d'hui encore la Chine est une puissance avec laquelle il faut compter.

faite touchant l'impossibilité pour les Gouvernements étrangers d'obtenir des concessions économiques, sinon en échange de la suppression de la juridiction consulaire, abhorrée au Japon, avait opposé, d'avance, une barrière aux tentatives que les puissances signataires des traités auraient pu faire pour demander, dans cet ordre d'idées, des conditions plus avantageuses. D'ailleurs, la Conférence elle-même ayant admis, du moins en principe, le droit pour le Japon de prétendre à l'égalité internationale, le succès moral de la politique de M. Inouyé était incontestable, et l'on pouvait prévoir que, tôt ou tard, le Gouvernement japonais atteindrait le but qu'il poursuivait.

Néanmoins, quatre années s'écoulèrent avant qu'une seconde Conférence, siégeant également à Tokyo, pût se trouver en mesure d'achever la revision des traités, commencée en 1882. Cette Conférence, à laquelle toutes les puissances contractantes étaient représentées, se réunit le 1er mai 1886 (1). Du côté du Japon, les délégués étaient M. Kaorou Inouyé, ministre des Affaires étrangères, élevé, dans l'intervalle, à la dignité de comte, et le Vice-Ministre, vicomte Shouzo Aoki, rappelé, tout exprès, de Berlin, pour cet objet. L'Angleterre était représentée par Sir Francis Plunkett, et l'Allemagne, par M. de Holleben, assisté, de nouveau, par le Consul général, M. Zappe.

Les concessions politico-commerciales, telles, par exemple, que l'élévation du tarif conventionnel japonais, qui firent aussi l'objet des délibérations de la Conférence, n'ont aucune connexité directe avec les questions de droit international que nous avons en vue. En ce qui concerne ces dernières, les points que la Conférence avait à examiner se rattachaient, notamment, aux projets présentés, d'un côté, par le Japon, de l'autre, par les Gouvernements étrangers, en vue de l'introduction d'un système judiciaire permettant d'admettre des juristes étrangers comme membres de la magistrature nationale, sans froisser la légitime susceptibilité de l'opinion publique japonaise.

(1) Cf. *Journal du droit international privé*, 11e année, p. 252.

Le 15 juin 1886, un nouveau projet fut soumis à la Conférence par les délégués anglais et allemand ; ce projet, qui reconnaissait en termes exprès les progrès réalisés par le Japon, depuis la dernière réunion des délégués des puissances, dans le domaine de l'administration judiciaire, concédait au Gouvernement japonais l'exercice des droits de juridiction à l'égard des étrangers, sans imposer, comme on avait voulu le faire en 1882, une période de transition, mesure à propos de laquelle on s'était heurté à des difficultés insurmontables.

Les détails du projet dit : « anglo-german Project », n'ont pas encore été publiés, mais il suffit de relever ici deux événements politiques considérables qui ont marqué son dépôt ; c'est, en premier lieu, le fait de l'accord intervenu entre les représentants de l'Angleterre et de l'Allemagne, dans l'extrême Orient, à propos de négociations internationales d'une si grande importance, et, en second lieu, la reconnaissance que ces diplomates ont témoignée au Gouvernement japonais, lors de la présentation de leur projet, pour les tendances progressistes dont il avait fait preuve jusqu'alors.

Les deux délégués déclarèrent (et les autres représentants se rangèrent à leur avis, au cours des délibérations) que l'évolution du Japon, sous la tutelle d'un cabinet familiarisé avec les idées occidentales, offrait des garanties suffisantes pour permettre l'entrée en scène des projets de réforme développés en 1882.

Malheureusement, les espérances que cette Conférence avait fait naître encore une fois ne se réalisèrent pas plus qu'en 1882.

A la vérité, le projet anglo-allemand avait été accepté par le Gouvernement japonais ; mais, dans la discussion qui s'ouvrit touchant les mesures d'exécution et certaines garanties jugées nécessaires par les délégués de quelques États, il fut impossible à la Conférence d'aboutir à une entente commune.

Pendant que les négociations se prolongeaient ainsi jusqu'au commencement de juillet 1887, des scrupules s'étaient éveillés au sein du Gouvernement japonais, qui se demandait

si les garanties déclarées nécessaires par les délégués de
certaines puissances ne porteraient pas atteinte à la souveraineté nationale dans le domaine de la justice. En outre,
une opposition facile à remarquer, qui s'était manifestée dans
les autres cercles politiques du pays, contre toute condescen-
dance de ce genre, détermina le comte Inouyé à ajourner la
Conférence, le 5 juillet 1887, *sine die*, c'est-à-dire jusqu'à
l'époque où, la codification japonaise étant devenue un fait
accompli, on aurait pu, dans l'intervalle, prouver aux puissances que le Gouvernement du Japon était en état de donner
pour base à sa législation les principes dominant dans les
pays occidentaux, et où l'on serait parvenu à convaincre ces
puissances que les garanties prétendues nécessaires étaient,
grâce à cette circonstance, devenues superflues.

Au commencement de 1889, alors que les travaux de
réforme étaient déjà assez avancés et au moment où le
comte Okouma Shigenobou venait de prendre possession du
ministère des Affaires étrangères, le Gouvernement allemand
se montra disposé à reprendre et à poursuivre la discussion de
son projet à l'aide de négociations séparées. Après de longs
pourparlers diplomatiques, qui eurent lieu à Berlin, entre le
Secrétaire d'État des Affaires étrangères, comte de Bismarck,
et l'ambassadeur japonais, marquis Saionji, un traité fut
signé, aux termes duquel les concessions les plus étendues
étaient faites, du côté du Japon, relativement au commerce,
aux entreprises industrielles et à l'établissement des étrangers
en général, alors que, du côté de l'Allemagne, les concessions portaient sur l'abolition de la juridiction consulaire et
sur la reconnaissance de la souveraineté pleine et entière du
Japon, au point de vue judiciaire, sous la réserve (à laquelle
il parut alors impossible de renoncer) de l'introduction,
dans la Cour de Cassation de ce pays, d'un nombre déterminé
de jurisconsultes de nationalité étrangère. Ce traité, lui aussi,
fut accueilli avec peu de faveur au Japon, précisément à
cause de cette dernière clause. L'amour-propre national se
sentit, encore une fois, blessé par la réserve faite de l'admission de magistrats étrangers, et, peu après, en octobre 1889,

lorsque le comte Okouma tomba, victime d'un attentat politique, la mise en vigueur du traité fut ajournée par le Gouvernement japonais, en même temps que celle des traités
identiques, conclus, entre temps, avec les États-Unis et la
Russie (1).

Si, maintenant, jetant un rapide coup d'œil en arrière,
nous passons en revue les phases successives des négociations
ouvertes à l'occasion de la revision des anciens traités, nous
voyons, à chaque étape, la même scène se reproduire : d'une
part, du côté de l'Europe, une confiance qui se développe
d'abord graduellement et avec beaucoup de difficultés ; en
même temps, des tentatives faites dans le but d'entourer la
mainmise du Japon sur le pouvoir judiciaire, de sûretés
positives et déclarées indispensables, et d'aboutir à l'adoption
de mesures propres à en garantir le fonctionnement régulier ;
nous constatons également un effort sincère fait en vue de
donner, autant que possible, satisfaction à ces exigences par
la voie diplomatique ; mais, d'autre part, nous voyons con-
stamment proposer un compromis blessant pour l'amour-
propre national du Japon, et ce compromis faire tomber les
travaux de la Conférence en poussière, après de nombreuses
et fatigantes séances.

En tout cas, ces discussions diplomatiques ont eu un bon
côté, qui a été de révéler la nécessité d'introduire de nombreuses améliorations dans la législation japonaise et d'empêcher, comme nous l'avons observé ci-dessus, que le Japon ne
suspendît son travail de réformes, avant que l'œuvre fût
complètement et radicalement menée à bien.

Aussitôt que ce résultat fut atteint et, surtout, après que le
Japon se fut élevé au rang d'État constitutionnel par l'adoption d'une Constitution et l'institution d'une assemblée repré-
sentative, le Gouvernement de ce pays put légitimement, à
son tour, saisir les puissances occidentales d'une proposition tendant à le placer sur le pied de l'égalité avec elles,
au point de vue de l'exercice des droits de souveraineté,

(1) Cf. Correspondence respecting the Revision of the Treaty arrangements, presen-
ted to both Houses of Parliament (août 1894), p. 30.

conformément aux principes reconnus du droit des gens européen.

Les documents historiques relatifs au début des négociations diplomatiques engagées en vue de la revision des traités n'ont été livrés à la publicité qu'à l'état fragmentaire, abstraction faite de certains articles publiés par la presse locale (1) et des comptes rendus du correspondant du *Times* à Tokyo, qui jettent de nombreux et intéressants traits de lumière sur les diverses phases du débat; nous possédons, au contraire, sur la période écoulée du mois de décembre 1888 à l'époque de la reconnaissance définitive des prétentions japonaises, un Livre bleu fort bien ordonné (2), dont la publication a eu lieu par les soins du Gouvernement anglais.

Les rapports contenus dans ce recueil font ressortir clairement l'énergie avec laquelle, depuis la fin de 1888, les Ministres des Affaires étrangères qui se sont succédé au Japon, comte Okouma, vicomte Aoki, vicomte Enomoto et M. Moutzou, se sont efforcés de triompher de toutes les difficultés. Du côté de l'Angleterre, la nomination de M. Fraser comme ministre à Tokyo accentua nettement les dispositions favorables de cet État.

Enfin, en mars 1894, la question de la revision reçut une solution définitive, grâce à un arrangement conclu, à Londres, entre lord Kimberley, représenté aux négociations par le Sous-Secrétaire d'État, l'honorable Francis Bertie, et le ministre du Japon, vicomte Aoki. Le 16 juillet, l'œuvre fut couronnée par la signature d'un traité de commerce et de navigation (3).

Ce traité prononce, dans son article 18, la dissolution et l'incorporation des colonies étrangères, alors existantes et jouissant du privilège d'exterritorialité, et il déclare, dans son article 20, qu'à partir de la mise en vigueur de la nouvelle convention, les anciens traités cesseront de produire leur effet; il ajoute « qu'en conséquence, la juridiction exercée,

(1) Spécialement par le *Japan Mail.*
(2) *Correspondence respecting the Revision of the Treaty arrangements between Great-Britain and Japan* (août 1894).
(3) Voir *Revue générale de droit international public*, t. I, p. 562.

« jusque-là, au Japon, par les autorités judiciaires anglaises,
« demeurera supprimée, et que tous les privilèges, exemp-
« tions et immunités exceptionnels dont les sujets anglais
« avaient joui précédemment, comme faisant partie de cette
« juridiction ou comme en dérivant, prendront fin, sans plus
« de formalités. La juridiction sera reprise et exercée par les
« tribunaux japonais. »

C'est donc à bon droit que le vicomte Aoki a pu, dans
sa lettre à lord Kimberley, du 18 juillet 1894, exprimer en
ces termes la satisfaction que lui causaient les résultats obtenus : « Le nouveau traité marque, pour le Japon, le com-
« mencement d'une ère nouvelle dans ses relations extérieures,
« car il prononce, pour la première fois, l'admission légitime
« et sans réserve de ce pays dans la famille des puissances
« civilisées. Pour l'Angleterre, il signifie la libre entrée dans
« tout l'Empire japonais, aux conditions usitées dans les
« rapports des États européens entre eux. »

Les autres puissances contractantes suivirent peu à peu
l'exemple de l'Angleterre (1) ; mais c'est seulement le 4 avril
1896 qu'un traité de commerce et de navigation avec le Japon
a été signé à Berlin (2) ; la conclusion de ce traité fut menée

(1) La France a conclu un traité avec le Japon, sur les mêmes bases que le Royaume-
Uni de Grande-Bretagne et d'Irlande, le 4 août 1896; ce traité a été promulgué par
décret du 30 juillet 1898 (Voir l'APPENDICE ci-après, p. 59. Cf. Journal du droit
international privé, 1899, p. 882). Des conventions analogues ont été conclues par le
Japon, au moyen d'actes diplomatiques séparés, avec un certain nombre d'États d'Europe et d'Amérique : avec l'Autriche-Hongrie, le 5 décembre 1897 (Reichsgesetzblatt,
1898, n° 218, p. 423); avec la Belgique, le 22 juin 1895 (Archives diplomatiques, 1897,
t. III, 5); avec les Etats-Unis du Brésil, le 5 novembre 1895 (loi approuvant le traité
du 27 novembre 1896; Collecção das leis da Republica dos Estados-Unidos do Brazil,
1896, part. I, p. 49); avec le Danemark, le 19 octobre 1895; avec l'Espagne, le
2 janvier 1897 (traité ratifié par une loi du 9 septembre 1897; Gaceta du 30 octobre
1897; V. Anuario de legislación y jurisprudencia españolas por la redacción de la
Revista de los tribunales, año 1897, 1re part., p. 286); avec les Etats-Unis, le 22 novembre 1894 (voir Statutes of United States, 1896-1897, Treaties and conventions,
p. 20; Annuaire de législation étrangère, 27° année, p. 865); avec l'Italie, le
1er décembre 1894 (traité approuvé par une loi du 4 août 1895; Raccolta ufficiale
delle leggi e dei decreti del Regno d'Italia, 1895, n° 532, p. 3030); avec le Mexique,
le 30 novembre 1888; avec les Pays-Bas, le 6 septembre 1896; avec le Pérou, le
20 mars 1895; avec le Portugal, le 26 janvier 1896 (Archives diplomatiques, 1897,
IV, 5); avec la Russie, le 27 mai 1895 (Archives diplomatiques, 1896, III, 5);
avec la Suède et la Norvège, le 2 mai 1896; avec la Suisse, le 10 novembre 1896
(Recueil officiel des lois suisses, nouvelle série, t. XVI, p. 509).

(2) En même temps que ce traité, les hautes parties contractantes ont signé une
convention consulaire (V. Reichsgesetzblatt, 1896, n° 37; Traité, p. 715; Convention
consulaire, p. 742).

à bien, grâce encore au vicomte Aoki, qui obtint des conditions analogues à celles que l'Angleterre avait acceptées.

Enfin, après que certaines difficultés législatives, qui subsistaient encore, eurent été aplanies, les 17 juillet et 4 août 1899, le rétablissement du Japon dans ses droits de souveraineté, objet, depuis si longtemps, de vœux et d'efforts, devint un fait accompli, et l'Empire tout entier s'ouvrit au commerce et au trafic internationaux, aux conditions générales consacrées par le droit des gens.

L'état d'esprit dans lequel le Gouvernement japonais vit s'approcher le début de cette ère nouvelle ressort, mieux que de tout autre document, de la proclamation de l'Empereur, du 30 juin 1899.

Cette proclamation est conçue à peu près en ces termes :

« Grâce aux vertus de nos ancêtres, que les traditions nous ont transmises, il nous a été donné d'assurer pleinement le respect de nos droits souverains et d'introduire dans notre gouvernement l'application des principes d'une administration bien réglée.

« L'accroissement de la prospérité nationale, à l'intérieur, et le développement de nos relations internationales avec l'étranger sont les fruits que ces efforts ont amenés à maturité.

« En ce qui concerne la revision des traités, les vœux que nous formions depuis longtemps ont enfin été réalisés, à la suite de pourparlers favorables et d'un arrangement satisfaisant conclu avec les puissances contractantes. Considérant que l'époque de la mise en vigueur des traités revisés approche, il nous est permis d'envisager cet événement avec une joie et une satisfaction sincères, et si, d'une part, nous ne méconnaissons pas la responsabilité que les nouvelles relations qui viennent d'être établies imposent à notre Empire, d'autre part, nous espérons que le nouvel état de choses contribuera à asseoir nos relations amicales avec les puissances sur des bases plus solides qu'elles ne l'ont jamais été.

« Nous attendons, par suite, de nos fidèles sujets, toujours prêts à remplir exactement leurs devoirs publics, qu'ils accueillent avec cordialité les étrangers sans exception qui viendront à nous de pays lointains, conformément à notre désir et aux principes éclairés de notre politique nationale, et qu'ils s'efforcent de maintenir ainsi la bonne renommée de notre nation et le respect de notre Empire.

« En outre, nous ordonnons à notre Conseil des Ministres de veiller, sous sa responsabilité, à l'exécution des traités revisés, de mettre, à l'aide d'instructions convenables adressées à ses subordonnés et en tenant une conduite pleine de prudence et de discrétion, nos propres sujets, aussi bien que les ressortissants d'États étrangers, à même de jouir également des avantages du nouveau régime, et de favoriser les relations amicales avec les puissances étrangères.

(Sceau impérial.)

« Donné le 30ᵉ jour du 6ᵉ mois de la 32ᵉ année de Méiji (1) (30 juin 1899).

« *Contresigné* : Marquis Aritomo Yamagata, ministre président du Conseil ; comte Masayoshi Matsoukata, ministre des Finances ; marquis Yorimichi Saïgo, ministre de l'Intérieur ; vicomte Taro Katsoura, ministre de la Guerre ; comte Soukenori Kabayama, ministre des Cultes ; vicomte Shouzo Aoki, ministre des Affaires étrangères ; Gombei Yamamoto, ministre de la Marine ; Keigo Kiyoura, ministre de la Justice ; Arasuké Soné, ministre du Commerce et de l'Agriculture. »

Puissent les espérances qu'a fait naître l'ouverture de cette ère nouvelle se réaliser, et puisse, surtout, le peuple japonais ne jamais oublier que l'accession au droit des gens européen ne confère pas uniquement des droits, mais qu'elle impose aussi des devoirs, et que c'est seulement en poursuivant,

---

(1) La computation officielle du temps, au Japon, se fait par périodes impériales, l'avènement de chaque Empereur étant pris pour point de départ d'une période nouvelle. Chacune de ces périodes est caractérisée par une qualification spéciale. Celle qui a commencé avec l'avènement de l'Empereur actuel, Moutsou-Hito (né à Yédo, le 3 novembre 1852, monté sur le trône en 1867), est désignée sous le nom de Méiji ou Méidji, qui signifie : *Époque éclairée.*

comme précédemment, sa marche dans le sens d'un progrès éclairé et en travaillant avec énergie à l'achèvement de la tâche civilisatrice qui lui est imposée, que le Japon pourra affermir la situation qu'il s'est acquise récemment au prix de tant d'efforts et de persévérance !

APPENDICE

Décret du 30 juillet 1898 portant promulgation du traité de commerce et de navigation, signé à Paris, le 4 août 1896, entre la France et le Japon.

(*Journal officiel* du 2 août 1898, page 4795.)

Le Président de la République française,
Sur la proposition du Ministre des Affaires étrangères,

Décrète :

ARTICLE PREMIER. — Le Sénat et la Chambre des députés ayant approuvé le traité de commerce et de navigation signé à Paris, le 4 août 1896, entre la France et le Japon, et les ratifications de cet acte ayant été échangées à Tokyo, le 19 mars 1898, ledit traité, dont la teneur suit, recevra sa pleine et entière exécution :

TRAITÉ DE COMMERCE ET DE NAVIGATION ENTRE LA FRANCE ET LE JAPON.

Le Président de la République française et S. M. l'Empereur du Japon, animés d'un égal désir de maintenir les bons rapports déjà heureusement établis entre eux, en étendant et en augmentant les relations entre leurs États respectifs, et persuadés que ce but ne saurait être mieux atteint que par la revision des traités jusqu'ici en vigueur entre les deux pays, ont résolu de procéder à cette revision sur les bases de l'équité et de l'intérêt mutuels et ont nommé à cet effet pour leurs plénipotentiaires, savoir :

Le Président de la République française,
S. Exc. M. Gabriel Hanotaux, ministre des Affaires étrangères;
Et S. M. l'Empereur du Japon,
M. Soné Arasuké, son envoyé extraordinaire et ministre plénipotentiaire près le Gouvernement de la République française;

Lesquels, après s'être communiqué leurs pleins pouvoirs, trouvés en bonne et due forme, ont arrêté et conclu les articles suivants :

ARTICLE PREMIER. — Il y aura réciproquement pleine et entière liberté de commerce et de navigation entre les États et possessions des deux hautes parties contractantes.

Les Français au Japon et les Japonais en France jouiront de la plus complète et constante protection pour leurs personnes et leurs propriétés.

Ils pourront réciproquement, dans toute l'étendue des États et possessions respectifs, voyager, résider et se livrer à l'exercice de leurs professions, acquérir, posséder et transmettre par succession, par testament, donation ou de toute autre manière que ce soit, des biens, valeurs et effets mobiliers de toutes sortes ; ils jouiront, à cet effet, des mêmes privilèges, libertés et droits que les nationaux ou les ressortissants de la nation la plus favorisée, sans pouvoir être tenus à acquitter des impôts ou taxes autres ou plus élevés.

Ils auront un libre et facile accès auprès des tribunaux de justice, tant pour réclamer que pour défendre leurs droits en toute instance et à tous les degrés de juridiction établis par les lois. Ils seront libres de choisir et d'employer dans toutes les circonstances les légistes, avoués, avocats et agents de toute classe qu'ils jugeraient à propos, et jouiront sous ce rapport des mêmes droits et privilèges que ceux qui sont ou seront accordés aux nationaux.

ART. 2. — Les ressortissants de chacune des deux hautes parties contractantes jouiront, dans toute l'étendue des États et possessions de l'autre partie contractante, d'une entière liberté de conscience et pourront, en se conformant aux lois, ordonnances et règlements du pays, élever et posséder des églises, se livrer à l'exercice privé ou public de leur culte ; ils jouiront aussi, sous les mêmes conditions, du droit d'être inhumés suivant leurs coutumes religieuses dans des cimetières convenablement situés, lesquels seront établis, dans le cas où il n'en existerait point, et seront soigneusement entretenus.

ART. 3. — Les Français au Japon et les Japonais en France ne seront contraints, sous aucun prétexte, à subir des charges ou à payer des taxes, impôts, contributions ou patentes, sous quelque dénomination que ce soit, autres ou plus élevés que ceux qui sont ou seront perçus sur les nationaux ou les ressortissants de la nation la plus favorisée.

Ils ne seront astreints à aucun service obligatoire, soit dans les armées de terre ou de mer, soit dans les gardes ou milices nationales. Ils seront exempts de toutes contributions imposées en lieu et place du service personnel, de tous emprunts forcés et de toute autre contribution extraordinaire de quelque nature que ce soit.

ART. 4. — Les ressortissants de chacune des hautes parties contractantes pourront, en quelque lieu que ce soit des États et possessions de l'autre partie, exercer toute espèce d'industrie ou de métier, faire le commerce, tant en gros qu'en détail, de tous produits, objets fabriqués ou manufacturés, de tous articles de commerce licite, soit en personne, soit par leurs agents, seuls ou en entrant en société commerciale avec des étrangers ou avec des nationaux; ils pourront y posséder, louer, même par bail emphytéotique, et occuper les maisons et boutiques qui leur seront nécessaires, louer des terres, les prendre à bail emphytéotique, à l'effet d'y résider et d'y exercer leur profession; le tout, en se conformant, comme les nationaux eux-mêmes et les ressortissants de la nation la plus favorisée, aux lois et règlements des pays respectifs.

Il est entendu qu'en tout ce qui concerne l'agriculture et le droit de propriété sur les biens immobiliers, les Français au Japon et les Japonais en France jouiront du même traitement que les citoyens ou sujets de la nation la plus favorisée.

Art. 5. — Les Français au Japon et les Japonais en France auront pleine liberté d'entrer avec leurs navires et leurs cargaisons dans tous les ports, mouillages et rivières de leurs territoires respectifs, qui sont ou pourront être ouverts au commerce extérieur, et jouiront, en matière de commerce et de navigation, du même traitement que les nationaux et ressortissants de la nation la plus favorisée, sans avoir à payer aucuns impôts, taxes ou droits de quelque nature ou sous quelque dénomination que ce soit, perçus au nom ou au profit du Gouvernement, de fonctionnaires publics, de particuliers, de corporations ou établissements quelconques, autres ou plus élevés que ceux imposés aux nationaux ou aux ressortissants de la nation la plus favorisée, le tout en se conformant aux lois, ordonnances et règlements des pays respectifs.

Art. 6. — Les habitations, magasins et boutiques des citoyens ou sujets de chacune des hautes parties contractantes, ainsi que leurs dépendances, seront respectés.

Il ne sera point permis d'y procéder à des perquisitions ou visites domiciliaires, non plus que d'examiner ou d'inspecter les livres, papiers ou comptes, sauf dans les conditions et formes prescrites par les lois, ordonnances et règlements applicables aux nationaux.

Art. 7. — Les droits de douane perçus à l'entrée en France et au Japon sur les produits de l'autre pays ne pourront être autres ou plus élevés que ceux imposés aux marchandises similaires, originaires du pays le plus favorisé et en provenant dans les mêmes conditions.

Les droits perçus à la sortie de France et du Japon sur les produits destinés à l'autre pays ne pourront également être autres ou plus élevés que ceux imposés aux mêmes produits destinés au pays le plus favorisé.

Les hautes parties contractantes s'engagent, en outre, à n'établir aucune restriction ou prohibition d'importation ou d'exportation qui ne soit en même temps applicable aux autres nations.

ART. 8. — Les ressortissants de chacune des hautes parties contractantes jouiront, dans les États et possessions de l'autre, de l'exemption de tous droits de transit quelconques et d'une parfaite égalité de traitement avec les nationaux pour tout ce qui concerne le magasinage, les primes, les facilités et les drawbacks.

Les marchandises de toute nature originaires de l'un des deux pays et importées dans l'autre ne pourront être assujetties à des droits d'accise, d'octroi ou de consommation perçus pour le compte de l'État ou des communes, supérieurs à ceux qui grèvent ou grèveraient les marchandises similaires de production nationale.

ART. 9. — Les droits de douane perçus à l'entrée ou à la sortie des territoires de chacune des hautes parties contractantes, les primes et les drawbacks seront les mêmes, que les importations ou les exportations aient lieu par les navires français ou japonais ou par les navires de toute autre nationalité.

ART. 10. — Aucuns droits de tonnage, de port, de pilotage, de phare, de quarantaine ou autres droits similaires ou analogues, de quelque nature ou sous quelque dénomination que ce soit, levés au nom ou au profit du Gouvernement, de fonctionnaires publics, de particuliers, de corporations ou d'établissements quelconques, qui ne seraient également et sous les mêmes conditions imposés, en pareil cas, sur les navires nationaux en général ou sur les navires de la nation la plus favorisée, ne seront imposés dans les ports des États et possessions de chacun des deux pays sur les navires de l'autre pays. Cette égalité de traitement sera appliquée réciproquement aux navires respectifs, de quelque endroit qu'ils arrivent et quel que soit le lieu de destination.

ART. 11. — En ce qui concerne le placement des navires, leur chargement, leur déchargement dans les ports, rades, havres, bassins, docks ou rivières des États et possessions des deux pays, il ne sera accordé aux navires nationaux aucun privilège ni aucune faveur qui ne le soit également aux navires de l'autre puissance, la volonté des hautes parties contractantes étant que, sous ce rapport aussi, les bâtiments français et japonais soient respectivement traités sur le pied d'une parfaite égalité.

ART. 12. — Il est fait exception aux dispositions du présent traité pour le cabotage, dont le régime reste soumis aux lois, ordonnances et règlements de la France et du Japon respectivement. Il est entendu, toutefois, que les Français au Japon et les Japonais en France jouiront, pour tout ce qui concerne le cabotage, des droits et privilèges qui sont ou seront accordés par ces mêmes lois, ordonnances et règlements aux ressortissants de tout autre pays.

Tout navire français chargé, en France ou à l'étranger, d'une cargaison destinée en tout ou en partie à deux ou plusieurs ports du Japon et tout navire japonais chargé, au Japon ou à l'étranger, d'une cargaison destinée en tout ou en partie à deux ou plusieurs ports de France, pourra, en se conformant aux lois et aux règlements de douane du pays, décharger une partie de sa cargaison dans un port et continuer son voyage pour l'autre ou les autres ports de destination, dans le but d'y décharger une autre partie ou le reste de sa cargaison d'origine.

Le Gouvernement japonais concède, en outre, aux navires français le droit de continuer, comme par le passé et pour toute la durée du présent traité, à transporter des cargaisons entre les ports ouverts de l'empire, à l'exception des ports d'Osaka, de Nilgata et d'Ebisuninato.

Art. 13. — Tout navire de commerce de l'une des deux hautes parties contractantes qui serait forcé, par le mauvais temps ou pour toute autre raison, de se réfugier dans un port de l'autre partie contractante, aura la liberté de s'y faire réparer, de s'y pourvoir de tous les approvisionnements dont il aura besoin et de reprendre la mer sans payer d'autres droits que ceux qui seraient acquittés, en pareille circonstance, par les bâtiments nationaux. Dans le cas cependant où un capitaine de navire de commerce se trouverait dans la nécessité de vendre une partie de sa cargaison pour payer les frais, il sera obligé de se conformer aux règlements et tarifs du lieu où il aurait relâché.

S'il arrive qu'un navire quelconque de l'une des hautes parties contractantes échoue ou fasse naufrage sur les côtes de l'autre partie, les autorités locales en informeront sans retard le consul général, le consul, le vice-consul ou l'agent consulaire de la nationalité du navire le plus voisin, lequel sera admis à intervenir, en sa qualité, pour procurer toute l'assistance nécessaire.

Toutes les opérations relatives au sauvetage des navires français naufragés ou échoués dans les eaux territoriales du Japon auront lieu conformément aux lois, ordonnances et règlements japonais, et, réciproquement, toutes les mesures de sauvetage relatives aux navires japonais naufragés ou échoués dans les eaux territoriales de la France auront lieu conformément aux lois, ordonnances et règlements français.

Tous navires ou vaisseaux ainsi échoués ou naufragés, tous débris et accessoires, toutes fournitures leur appartenant et tous effets et marchandises sauvés desdits navires ou vaisseaux, y compris ceux qui auraient été jetés à la mer, ou les produits desdits objets, s'ils sont vendus, ainsi que tous papiers trouvés à bord de ces navires ou vaisseaux échoués ou naufragés seront remis aux propriétaires ou à leurs représentants. Dans le cas où ces propriétaires ou représentants ne se trouveraient pas sur les lieux, lesdits produits ou objets seront remis aux consuls généraux, consuls, vice-consuls ou agents consulaires res-

pectifs, et ces officiers consulaires, propriétaires ou représentants paye-
ront seulement les dépenses occasionnées pour la conservation desdits
objets, ainsi que les frais de sauvetage ou autres dépenses auxquels
seraient soumis, en cas de naufrage, les navires nationaux.

Les effets et marchandises sauvés du naufrage seront exempts de tous
droits de douane, à moins qu'ils n'entrent dans la consommation intérieure.

ART. 14. — Les navires de guerre de l'une des deux puissances pourront entrer, séjourner et se radouber dans ceux des ports de l'autre
puissance dont l'accès est permis aux navires de guerre de la nation la
plus favorisée; ils y seront soumis aux mêmes règles et y jouiront des
mêmes honneurs, avantages, privilèges et exemptions concédés à cette
dernière.

ART. 15. — Les paquebots chargés d'un service postal et appartenant
à des compagnies subventionnées par l'un des deux États contractants
ne pourront être, dans les ports de l'autre État, détournés de leur destination, ni être sujets à saisie, arrêt, embargo ou arrêt du prince.

ART. 16. — Tous les navires qui, conformément aux lois françaises,
sont considérés comme navires français et tous les navires qui, conformément aux lois japonaises, sont considérés comme navires japonais,
seront respectivement considérés comme français et japonais pour l'application du présent traité.

ART. 17. — Les consuls généraux, consuls, vice-consuls et agents
consulaires de chacune des hautes parties contractantes résidant dans les
États et possessions de l'autre partie recevront, des autorités locales,
pour la recherche, saisie et arrestation des déserteurs des navires de
leur pays respectif, toute aide et assistance qui pourront leur être données conformément aux lois.

Il est entendu que cette stipulation ne s'appliquera pas aux ressortissants du pays où la désertion aura lieu.

ART. 18. — Les hautes parties contractantes conviennent que, dans
toutes les matières relatives au commerce, à la navigation et à l'exercice
de l'industrie, tout privilège, faveur ou immunité quelconque que l'une
d'elles a déjà accordés ou accorderait, à l'avenir, au Gouvernement ou aux
ressortissants de tout autre pays, seront étendus immédiatement et sans
condition au Gouvernement et aux ressortissants de l'autre partie, leur
intention étant que, pour ce qui concerne le commerce, la navigation et
l'industrie, les Français au Japon et les Japonais en France jouissent,
sous tous les rapports, du traitement de la nation la plus favorisée.

ART. 19. — Chacune des hautes parties contractantes pourra nommer
des consuls généraux, consuls, vice-consuls et agents consulaires dans
tous les ports, villes et places de l'autre partie. Ces agents et les consuls
suppléants, chanceliers et secrétaires attachés à leur poste exerceront,

en toute liberté, leurs fonctions et attributions et jouiront, à charge de réciprocité, de tous les privilèges, exemptions et immunités, ainsi que des pouvoirs qui sont ou seront accordés aux officiers consulaires de la nation la plus favorisée.

Ils n'entreront en fonctions et ne jouiront des droits, privilèges et immunités consulaires qu'après en avoir obtenu l'autorisation du Gouvernement territorial.

En ce qui concerne le lieu de leur résidence, les deux Gouvernements ne s'opposeront respectivement aucune restriction qui ne soit commune dans leur pays à toutes les nations.

Art. 20. — Les ressortissants de chacune des hautes parties contractantes jouiront, dans les États et possessions de l'autre partie, de la même protection que les nationaux pour tout ce qui concerne les brevets d'invention, les marques de fabrique ou de commerce, ainsi que les dessins ou modèles industriels et de fabrique de toute espèce, en remplissant les formalités prescrites par la loi.

Art. 21. — Le Gouvernement de la République française donne, en ce qui le concerne, son adhésion à l'arrangement suivant :

Les divers quartiers étrangers qui existent au Japon seront incorporés aux communes respectives du Japon et feront, dès lors, partie du système municipal du Japon.

Les autorités japonaises compétentes, assumeront, en conséquence, toutes les obligations et tous les devoirs municipaux qui résultent de ce nouvel état de choses, et les fonds et biens municipaux qui pourraient appartenir à ces quartiers seront, de plein droit, transférés auxdites autorités japonaises.

Lorsque les changements ci-dessus indiqués auront été effectués, les baux à perpétuité, en vertu desquels les étrangers possèdent actuellement des propriétés dans les quartiers, seront confirmés, et les propriétés de cette nature ne donneront lieu à aucuns impôts, taxes, charges, contributions ou conditions quelconques, autres que ceux expressément stipulés dans les baux en question. Il est entendu toutefois qu'aux autorités consulaires dont il est fait mention seront substituées les autorités japonaises.

Les terrains que le Gouvernement japonais aurait concédés exempts de rentes, vu l'usage public auxquels ils étaient affectés, resteront, sous la réserve de droits de la souveraineté territoriale, affranchis d'une manière permanente de tous impôts, taxes et charges, et ils ne seront point détournés de l'usage auquel ils étaient primitivement destinés.

Art. 22. — Les dispositions du présent traité sont applicables à l'Algérie. Il est entendu qu'elles deviendraient, en outre, applicables aux colonies françaises pour lesquelles le Gouvernement français en réclamerait le bénéfice. Le représentant de la République française à Tokyo aurait, à cet effet, à le notifier au Gouvernement japonais, dans un délai de deux ans, à dater du jour de l'échange des ratifications du présent traité.

Art. 23. — A dater de la mise en vigueur du présent traité, seront abrogés : le traité du 9 octobre 1858, la convention du 25 juin 1866, et, en général, tous les arrangements conclus entre les hautes parties contractantes existant antérieurement à cette date. En conséquence, la juridiction française au Japon et les privilèges, exemptions ou immunités dont les Français jouissaient en matière juridictionnelle seront supprimés de plein droit, et sans qu'il soit besoin de notification, du jour de la mise en vigueur du présent traité, et les Français seront, dès lors, soumis à la juridiction des tribunaux japonais.

Art. 24. — Le présent traité ne produira ses effets que trois ans au moins après la signature. Il entrera en vigueur une année après que le Gouvernement de S. M. l'Empereur du Japon aura notifié au Gouvernement de la République française son intention de le voir mis à exécution.

Cette notification pourra être faite à un moment quelconque après l'expiration des deux années qui suivront la date de sa signature.

Le présent traité restera obligatoire pendant une période de douze ans, à partir du jour où il aura été mis à exécution.

Chacune des hautes parties contractantes aura le droit, à un moment quelconque, après que onze années se seront écoulées depuis l'entrée en vigueur du présent traité, de notifier à l'autre partie son intention d'y mettre fin, et, à l'expiration du douzième mois qui suivra cette notification, le traité cessera et expirera entièrement.

Toutefois, l'article 7 du traité pourra être dénoncé à toute époque par le Gouvernement français et, dans ce cas, cet article cessera d'être en vigueur un an après sa dénonciation.

Art. 25. — Le présent traité sera ratifié et les ratifications en seront échangées à Tokyo aussitôt que faire se pourra.

En foi de quoi les plénipotentiaires des deux pays ont signé le présent traité et y ont apposé leurs sceaux.

Fait à Paris, en double exemplaire, le 4 août 1896.

(L. S.) Signé : G. Hanotaux.
(L. S.) Signé : Soné Arasuké.

PROTOCOLE

Le Gouvernement de la République française et le Gouvernement de S. M. l'Empereur du Japon, estimant qu'il est utile aux intérêts des deux pays de régler certaines questions spéciales qui les intéressent mutuellement et qui ne sont pas prévues au traité de commerce et de navigation signé cejourd'hui, leurs plénipotentiaires respectifs sont convenus des stipulations suivantes :

I

Il est convenu entre les hautes parties contractantes que, six mois après l'échange des ratifications du traité de commerce et de navigation signé cejourd'hui, le tarif d'importation ci-annexé sera, sous réserve des stipulations de l'article 19 du traité du 9 octobre 1858, aussi longtemps que ledit traité restera en vigueur, puis, subséquemment, des articles 7 et 18 du traité en date de ce jour, applicable aux produits du sol, des industries ou manufactures des États et possessions de la République française à leur importation au Japon. Mais rien de ce qui est contenu dans le traité, dans ce protocole ou dans le tarif annexé ne pourra être tenu comme limitant ou déterminant le droit du Gouvernement français et du Gouvernement japonais de restreindre ou de prohiber l'importation des drogues, médecines, aliments ou breuvages falsifiés, d'imprimés, peintures, livres, cartes, lithographies ou gravures indécentes ou obscènes, ou d'autres objets pouvant offrir quelque danger pour la sécurité ou la morale publiques, d'articles fabriqués en violation des droits qui, en France et au Japon, réglementent les brevets d'invention, les marques de fabrique ou la propriété littéraire. Ce droit réciproque s'étendra également aux prohibitions sanitaires ou autres provenant de la nécessité de protéger la santé des personnes, ainsi que la conservation du bétail et des plantes utiles à l'agriculture.

Les droits *ad valorem* établis par ledit tarif seront, autant que cela sera reconnu possible, convertis en droits spécifiques par une convention supplémentaire qui sera conclue entre les deux Gouvernements dans le délai de six mois à compter de la ratification du traité en date de ce jour. Pour l'évaluation desdits droits spécifiques, il est convenu qu'on prendra pour base la moyenne des prix établie par les relevés des douanes japonaises des six premiers mois de l'année 1894, en y ajoutant les frais d'assurance et de transport, du lieu d'achat, de production ou de fabrication jusqu'au port d'arrivée, ainsi que les frais de commission, s'il en existe. Dans le cas où la convention supplémentaire ne serait pas entrée en vigueur au moment où le tarif nouveau commencerait à être appliqué, ce sont les droits *ad valorem* qui, dans l'intervalle, seront perçus. Ces droits seront calculés sur le prix réel des marchandises, au lieu d'achat, de production ou de fabrication, augmenté des frais de transport et d'assurance, dudit lieu jusqu'au port de déchargement, ainsi que des frais de concession, s'il en existe.

Au cas où l'article 7 du traité cesserait d'être en vigueur par suite de la dénonciation qui en serait faite par le Gouvernement français, le tarif ci-annexé ou le tarif spécifique qui lui sera substitué cessera également d'être appliqué.

En ce qui concerne les articles non énumérés dans ledit tarif, le tarif général du Japon s'appliquera, dès qu'il sera en vigueur, sous réserve des stipulations de l'article 19 du traité du 9 octobre 1858 ou des articles 7 et 18 du traité conclu aujourd'hui.

A dater du jour où le nouveau tarif aura son effet, le tarif d'importation actuellement en vigueur au Japon cessera d'être appliqué en ce qui concerne les objets et marchandises importés au Japon par des citoyens français.

En ce qui concerne toutes les autres stipulations des traités et conventions actuellement existants, elles seront maintenues sans conditions jusqu'à l'époque où le traité de commerce et de navigation en date de ce jour sera mis en vigueur.

II

Le Gouvernement japonais consent, en attendant l'ouverture complète du pays aux citoyens français, d'étendre le système existant des passeports de façon à permettre aux Français, sur la production d'un certificat favorable émanant de la légation de France à Tokyo ou de l'un quelconque des consulats de France dans les ports ouverts, d'obtenir, sur leur demande, du Ministère impérial des Affaires étrangères à Tokyo ou des autorités principales de la préfecture dans laquelle est situé un port ouvert, des passeports valables pour toute l'étendue du pays et pour toute période n'excédant pas douze mois.

Il est bien entendu que, sous cette réserve, les lois et règlements existants et régissant les citoyens français qui voyagent dans l'empire du Japon sont maintenus.

III

Le Gouvernement japonais s'engage, avant la cessation de la juridiction consulaire française au Japon, à adhérer aux conventions internationales concernant la protection de la propriété industrielle et de la propriété littéraire.

IV

Les plénipotentiaires soussignés sont convenus que le présent protocole sera soumis aux deux hautes parties contractantes en même temps que le traité de commerce et de navigation signé en ce jour et que, quand ledit traité sera ratifié, les arrangements contenus dans ce protocole seront également considérés comme approuvés, sans qu'il soit nécessaire d'une ratification formelle subséquente.

Il est convenu que ce protocole prendra fin et cessera d'être obligatoire en même temps que le traité auquel il est annexé.

En foi de quoi, les plénipotentiaires des deux pays ont signé le présent protocole et y ont apposé leurs sceaux.

Fait à Paris, en double exemplaire, le 4 août 1896.

(*L. S.*) Signé : G. HANOTAUX.

(*L. S.*) Signé : SONÉ ARASUKÉ.

TARIF

	Droit pour 100.
Teinture d'aniline...................................	10
Rouge d'Andrinople et tissus de coton en couleurs..........	10
Fer en barres et verge..............................	7 1/2
Extrait de bois de campêche..........................	10
Satins en soie et satins en soie et coton mélangés..........	10
Acier en saumons, lingots ou plaques...................	5
Mousseline de laines écrues ou blanc d'impression..........	8 1/2
Mousselines de laine teintes ou imprimées...............	10
Autres tissus de laine pure ou mélangée.................	10
Draps de laine pure laine............................	10
Fils de laine à tisser	8
Savons communs....................................	10
Chandelles et bougies...............................	10
Vin, y compris le champagne..........................	10
Machines à imprimer................................	5

Droit pour 100.

Instruments scientifiques pour le dessin.................... 10

Bijouterie imitation............................... 10

Lorgnettes....................................... 10

Parfumerie...................................... 10

ART. 2. — Le Ministre des Affaires étrangères, le Ministre des Finances et le Ministre du Commerce, de l'Industrie, des Postes et des Télégraphes sont chargés, chacun en ce qui le concerne, de l'exécution du présent décret.

Fait au Havre, le 30 juillet 1898.

FÉLIX FAURE.

Par le Président de la République :

Le Ministre des Affaires étrangères,

DELCASSÉ.

Le Ministre des Finances,

P. PEYTRAL.

Pour le Ministre du Commerce, de l'Industrie,
des Postes et des Télégraphes, le Ministre de
l'Agriculture, chargé de l'intérim,

VIGER.

DÉCLARATION.

Le soussigné, Envoyé extraordinaire et Ministre plénipotentiaire de Sa Majesté l'Empereur du Japon, a l'honneur de déclarer, dûment autorisé à cet effet par un mandat spécial de son Gouvernement, que le Gouvernement impérial japonais s'engage à ne pas faire la notification prévue par l'article 24 du Traité signé aujourd'hui, tant que les Codes de l'Empire, qui ont déjà été promulgués, mais dont l'application a été ajournée, n'auront pas été mis en vigueur.

SONÉ ARASUKÉ (1).

(1) V. Jules de Clercq, *Recueil des traités de la France*, t. XX, 1893-1896, p. 561.

422 — Librairies-Imprimeries réunies, rue Saint-Benoît, 7, Paris.

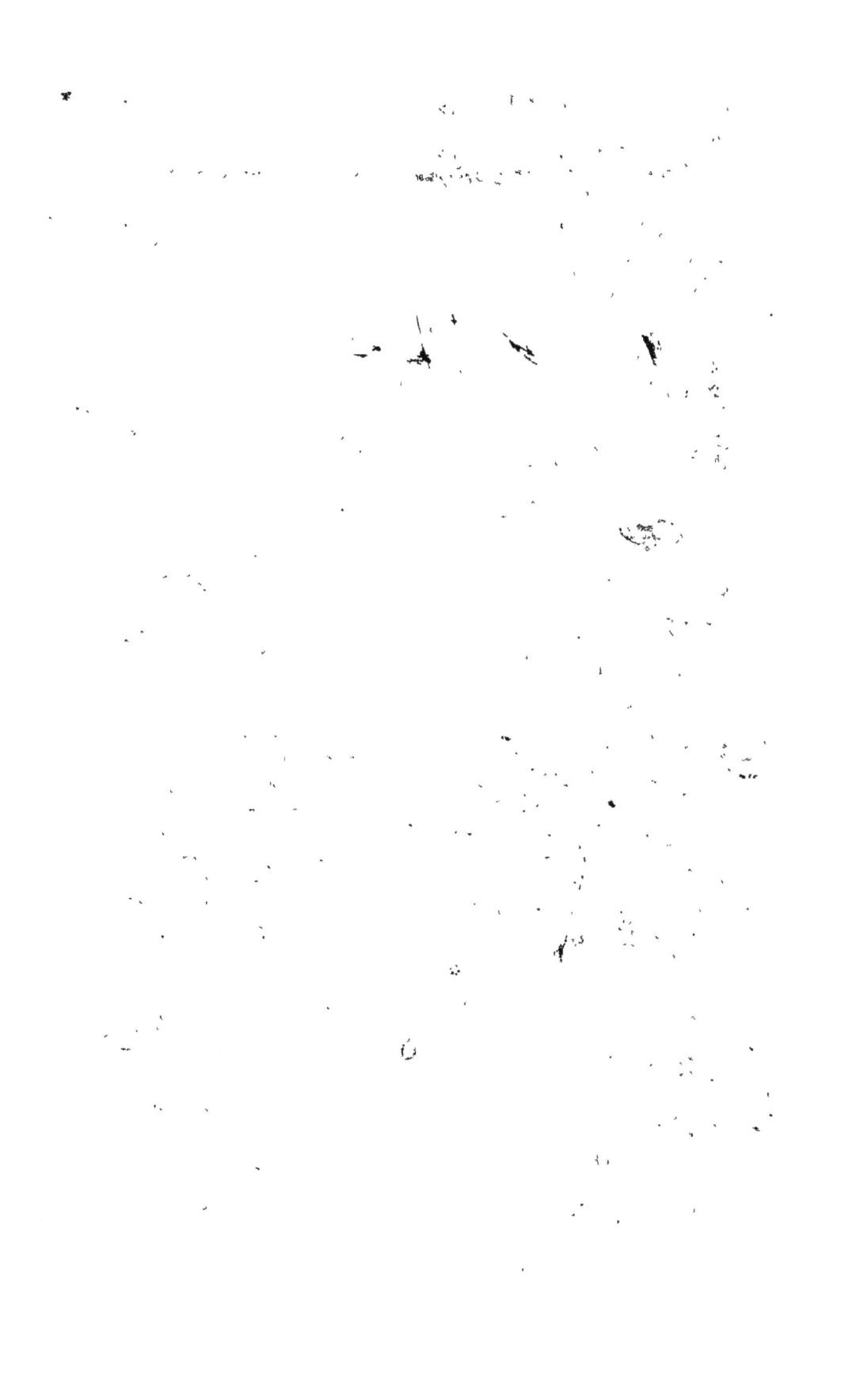

www.ingramcontent.com/pod-product-compliance
Lightning Source LLC
Chambersburg PA
CBHW071238200326
41521CB00009B/1529